Jana Walter

JEDER TAG EIN NEUANFANG

Das Glücklichmacher-Tagebuch

W0391860

ÜBER DIE AUTORIN

Jana wurde 1996 geboren und kommt aus Münster. Auf ihrem YouTube-Kanal „janasdiary" dreht sich alles um ihr Leben. In ihrem Videoformat „Liebes Tagebuch" behandelt sie Themen, die man sonst auch mit der besten Freundin oder der großen Schwester bespricht: Wie treffe ich Entscheidungen? Was bin ich mir selbst wert? Was tun bei Liebeskummer und wie funktioniert das eigentlich mit dem Glück?

IMPRESSUM

2. Auflage
© 2018 Community Editions GmbH
Reinoldstraße 6
50676 Köln

FSC
www.fsc.org
MIX
Papier aus verantwortungsvollen Quellen
FSC® C106632

Alle Rechte der Verbreitung, auch durch Film, Funk, Fernsehen, fotomechanische Wiedergabe, Tonträger aller Art, auszugsweisen Nachdruck oder Einspeicherung und Rückgewinnung in Datenverarbeitungsanlagen aller Art, sind vorbehalten.
Die Inhalte dieses Buches sind von Autorin und Verlag sorgfältig erwogen und geprüft, dennoch kann eine Garantie nicht übernommen werden. Eine Haftung von Autorin und Verlag für Personen-, Sach- und Vermögensschäden ist ausgeschlossen.

Texte: Jana Walter
Layout, Design, Satz & Illustration: Sue Hiepler – Arts From Sue
Lettering: Yasmin Reddig
Lektorat: All you can read – Kreativ-Agentur Anke Hennek
Projektleitung & Redaktion: Sarah Völker
Redaktion: Denise Nonnast
Abbildungen: Foto Sticker auf dem Cover und Impressum: (c) Annaxo
Gesamtherstellung: Community Editions GmbH
ISBN 978-3-96096-032-4
Printed in Poland
www.community-editions.de

Jana Walter

JEDER TAG EIN NEUANFANG

Das Glücklichmacher-Tagebuch

EINEN WUNDERSCHÖNEN GUTEN TAG

und herzlich willkommen zu deinem neuen Glücklichmacher-Tagebuch! Es soll dich begleiten und dich daran erinnern, dass wir auf dieser wunderbaren Welt sind, um eben genau eines zu tun – glücklich zu sein.

Dieses Buch bedeutet für mich Verarbeitung. Ich erzähle dir von meinen tiefsten Gedanken, meinen Geschichten, die mich zu der Person machten, die ich heute bin. Es bedeutet aber auch Loslassen. Durch das Schreiben sind sehr viele Gefühle in mir hochgekommen: Trauer, Wut, Glück und Liebe. Dabei ist mir umso klarer geworden, dass die Vergangenheit Geschichte ist und bleibt – und ich jetzt lebe. Nicht gestern und nicht morgen.

Was mich zu diesem Buch ermutigt hat? Du! Wir alle erleben Geschichten, die wir nicht verstecken müssen. Geschichten, mit denen wir uns gegenseitig helfen, ermutigen und uns Kraft schenken können. Deshalb hast auch du die Möglichkeit, dieses Buch zu deinem eigenen Tagebuch zu machen.

Dich erwarten zwölf Kapitel, in denen ich dir aus meinem Leben erzähle. Im Anschluss an jedes Kapitel kannst du im jeweiligen Aktivteil deine eigenen Gedanken und Gefühle verschriftlichen, deine eigene Geschichte erzählen – und dabei lernen, dich selbst zu reflektieren. Nimm dir dazu alle Zeit der Welt, die du brauchst, um in dich hineinzufühlen und zu erkennen, wer du bist – ein wundervoller Mensch!

Du darfst deinen neuen Begleiter gerne überallhin mitnehmen und ihm alles mitteilen, was dir auf dem Herzen liegt. Lass uns ein Stück des Wegs gemeinsam gehen. Go, Girl – oder natürlich auch Boy, hihi!

INHALTSVERZEICHNIS

ALLES, was DU BRAUCHST, ist bereits IN DIR

Liebes Tagebuch,

mein Leben ist sehr, sehr ereignisreich, langweilig wird es da so schnell nicht. Aber das war, nun ja, nicht immer so. Ereignisse müssen nicht immer von vornherein positiv sein: Ein ereignisreiches Leben kann also auch durch seine schlechten Zeiten gekennzeichnet sein, aus denen man jedoch innerlich wächst.

Wenn ich dafür einen Startpunkt in meinem Leben festsetzen müsste, wäre es wohl derjenige, an dem ich ziemlich schnell erwachsen werden musste.

Als ich 14 Jahre alt war, haben meine Mama und ich unseren ersten Mädelsurlaub gemacht – nur wir zwei alleine in Ägypten. Ein grandioser Urlaub, an den ich mich gerne zurückerinnere, den ich aber auch sicher nicht nur wegen seiner schönen Seiten niemals vergessen werde.

Du musst wissen, dass meine Mutter und ich ein sehr, sehr inniges Verhältnis zueinander pflegen. Ganz abgesehen davon, dass sie mir das liebevollste und wärmste Zuhause schenkte, das ich jemals hätte haben können, waren wir eigentlich schon seit meiner Teenagerzeit mehr „beste Freundinnen" als „Mutter und Tochter". Daher habe ich also auch sehr viel aus ihrem Leben mitbekommen, kannte sie in- und auswendig und wusste gleich, wenn etwas nicht stimmte. Und das gilt natürlich auch jetzt noch.

In diesem Urlaub teilte mir meine Mutter das mit, was ich schon lange ahnte: Sie wollte sich von meinem Vater trennen. Für mich kam das irgendwie nicht besonders überraschend, weil ich bereits gemerkt hatte, dass das Feuer ihrer Liebe nicht mehr so schön geleuchtet hat, wie es eben mal war.

Die Tatsache, dass meine Eltern nun getrennte Wege gehen würden, war für mich nicht besonders schlimm: Ich sah darin mehr eine Chance – sowohl für sie als auch für mich.

Manchmal muss man einen Lebensabschnitt hinter sich lassen, um weitergehen zu können. Seine Fesseln lösen und neu anfangen. Das Problem hierbei war nur, dass mein Vater erst einige Wochen nach mir eingeweiht wurde.

Nach ein paar Monaten sind meine Mutter und ich dann aus dem Haus ausgezogen, in dem ich meine gesamte bisherige Lebenszeit verbracht hatte. Der erste Umzug in meinem Leben. Ob es für mich schwierig war, aus diesem Haus auszuziehen? Nicht wirklich. Ich verbinde mit der Zeit, die ich dort erlebte, viele schöne, aber auch nicht so schöne Erinnerungen. Mein Zuhause war zuletzt nicht mehr die heile Welt, die sie mal zu sein schien. Es war nicht mehr mein Nest, meine Heimat.

Was dann aber auf mich zukam – das war mir noch nicht so klar.

Meine Mutter bekam ein Jobangebot in Wien. Eine großartige Gelegenheit für sie, für mich der abrupte Schritt ins Erwachsenenleben. Ich musste nun für mich selbst entscheiden, wie mein Leben aussehen sollte. Gehe ich mit ihr nach Wien? Ziehe ich zu meinem Vater? Bleibe ich alleine in der neuen Wohnung meiner Mama?

Oh übrigens, falls du es noch nicht wusstest: Ich habe auch einen Bruder. Er ist allerdings schon einige Jahre vor der Trennung meiner Eltern ausgezogen.

Mein Verhältnis zu meinem Vater war damals nicht einfach. Ich war sehr stark von den Erzählungen meiner Mutter beeinflusst, da ich eben nur ihre Sichtweise und nicht die meines Vaters kannte. Er war der Geschäftsmann – viel unterwegs und vor allem aber war er immer nur am Arbeiten. Und meine Mutter: Sie war die Person, die das Zuhause zu einem Zuhause machte, für meinen Bruder und mich da war und uns mit Liebe überschüttete.

Ich hatte wirklich meine Schwierigkeiten damit, die ganze Situation neutral zu betrachten. Wohl zum Selbstschutz habe ich den Kontakt zu meinem Vater sehr eingeschränkt. Er versuchte zwar, die Situation für mich so angenehm wie möglich zu machen und den Bruch in der Familie wieder verheilen zu lassen. Aber ich konnte ihn zu dem Zeitpunkt gar nicht richtig an mich ranlassen. Ich konnte es nicht ertragen, ihn so zu sehen. In meinen Augen total hilflos und überfordert.

Also blieb ich oft alleine in der Wohnung meiner Mutter. Diese konnte ihre Arbeitszeiten so legen, dass sie nur vier Tage unter der Woche in Wien sein musste. So konnte sie pendeln – und am Wochenende bei mir sein.

Ich war 14 Jahre alt. Ich hatte keine Ahnung davon, wie man eine Waschmaschine bedient, vernünftiges Essen kocht oder einen Haushalt schmeißt.

Weißt du, liebes Tagebuch, meine Familie beschränkte sich mein Leben lang nur auf meinen Papa, meine Mama und meinen Bruder. Okay – und auf die zahlreichen Tiere, die wir hatten.

Ich hatte nie besonders viel Kontakt zu meinen Großeltern, meinen Onkeln und Tanten, aber in dieser Zeit wurde meine Oma mütterlicherseits zu meiner heimlichen Heldin. Sie war sehr oft bei mir, wenn meine Mutter weg war, brachte mir das Kochen und Wäschemachen bei. Sie klärte mich über eine gesunde und ausgewogene Ernährung auf und machte mit mir die Nächte durch, in denen wir zusammen lachten und weinten und über das Leben philosophierten.

Mit der Zeit kehrte Alltag ein: Es wurde völlig normal, dass meine Mutter nicht mehr so oft anwesend war, wie sie es vorher war, dass mein Vater nicht mehr mit mir unter einem Dach lebte und dass ich viel Zeit mit meiner Oma verbrachte. Je mehr Zeit verstrich, desto besser konnte ich mich auch wieder meinem Vater anvertrauen. Ich pendelte zwischen der Wohnung meiner Mutter und unserem alten Haus, in dem er noch immer lebte.

Doch auch wenn ich drei Menschen hatte, die sich um mich sorgten, und ich die Trennung meiner Eltern nachvollziehen konnte, fühlte ich mich oft sehr alleine.

Das Haus war ja, wie ich bereits sagte, schon vorher nicht mehr das Zuhause, das es mal war. Jetzt erkannte ich es aber nicht mehr wieder. Meine Mutter nahm nicht viele Möbel mit in ihre neue Wohnung und trotzdem wirkte mein altes Zuhause so unglaublich leer. Etwas fehlte dort. Vielleicht war es die Liebe, die Freude, die Atmosphäre, die eine völlig andere war. Oder das Leid, das mein Vater dort durchlebte.

Das Leben verläuft nicht geradlinig. Es ist durchzogen von sämtlichen kleinen Abzweigungen und Straßen, die uns einen Weg zweimal laufen lassen. Die Trennung meiner Eltern war für mich kein Problem, vielmehr war es das, was darauf folgte.

Meine Eltern trafen sich immer häufiger, verstanden sich plötzlich wieder blendend. Mein Vater war ständig in der Wohnung meiner Mutter anzutreffen, was mich sehr freute. Jeder wünscht sich ja ein gutes Verhältnis zwischen seinen Eltern.

Die Wohnung meiner Mutter ging über zwei Etagen, die zweite Etage gehörte ganz alleine mir – das war supercool. Ich hatte sogar mein eigenes Bad. Ich habe also nicht mitbekommen, wie lange der Besuch meiner Mutter blieb und was alles in der unteren Etage beredet wurde und geschah. Als ich in einer Nacht, als mein Vater abends meine Mutter besuchte, eine weitere Decke aus dem Zimmer meiner Mutter holen wollte, weil mir kalt war, konnte ich meinen Augen kaum trauen: Mein Vater blieb tatsächlich über Nacht.

Viele Menschen würden denken, dass es ein Weltuntergang für ein Kind ist, wenn die Eltern kein Paar mehr sind. Für mich war es jedoch ein kleiner Weltuntergang, als sie wieder zu einem Paar wurden. Ich habe die Welt nicht mehr verstanden – und vor allem nicht verstanden, wieso sie sich all das noch mal antun wollten. Für mich war klar, dass das nicht gut gehen konnte. Ich hatte das Bedürfnis, einfach abzuhauen, wegzugehen von Zuhause, und fand Unterschlupf bei meiner zu der Zeit besten Freundin. Dort konnte ich ein paar Tage bleiben und den Kopf freikriegen – das verarbeiten, was in der letzten Zeit passiert war.

Ich habe schnell verstanden, dass es einfacher ist, wenn man Situationen, die man selbst nicht ändern kann, dann doch einfach akzeptiert. Das Leben meiner Eltern war nicht mein Leben und ich musste lernen, dass ich auch nicht dafür verantwortlich bin. Weder verantwortlich für das Leid meines Vaters noch für die Verzweiflung meiner Mutter. Es ist deren Glück, deren Leid – und ich kann entscheiden, wie viel ich mir davon selbst auferlege.

Nach einer ziemlich kurzen Zeit suchten meine Eltern schon nach einem neuen Zuhause, in dem wir gemeinsam zu dritt weiterleben sollten. Und ich kann heute sagen, dass es trotz meiner anfänglichen Ablehnung tatsächlich die beste Zeit war, die ich je hatte.

Wir verliebten uns schon bei der Besichtigung in das Haus. In dieses unglaubliche, wunderschöne Herrenhaus auf einem Hof in meiner Heimatstadt, umgeben von Pferdekoppeln und Wäldern. Es erschien mir wie ein Palast, in dem ich im Dachgeschoss meine ganz eigene Wohnung bekam. Und das war der Wahnsinn.

Mein damaliger Freund zog gleich mit ein – und das, obwohl ich erst 16 Jahre alt war. Aber dazu mehr in einem anderen Kapitel.

Nicht nur er wohnte dort mit mir zusammen, sondern gut ein Jahr später auch noch eine kleine Katzenfamilie, die ihren Platz bei ihm und mir in der Dachgeschosswohnung fand. Wie es dazu kam? Meine Eltern hatten schon zwei Hunde, die ich wirklich über alles liebte, jedoch sehnte ich mich danach, noch mehr Liebe zu verschenken. Oder vielleicht doch eher danach, mich in noch mehr Aufgaben zu stürzen, mich noch mehr von mir selbst abzulenken? Ein Jahr nach dem Einzug versuchte ich jedenfalls, meine Eltern zu überreden, dass ich mir eine Katze anschaffen durfte. Und dann passierte das, womit ich wirklich nicht rechnete. Die beste Freundin meiner Mutter wollte auswandern und brauchte ein neues Frauchen für ihre Katze. Meine Mutter hat ein sehr weiches und großes Herz. Ob sich diese Freundin deshalb an meine Mutter wandte? Der Haken dabei war, dass die Katze noch zwei Kitten hatte, die gerade mal zwei Wochen alt waren. Und beim nächsten Besuch bei ihrer Freundin konnte meine Mutter nicht anders, als die Katzenfamilie mit zu uns nach Hause zu nehmen.

Ich war also mit meinen inzwischen 17 Jahren Mutter von einer Katzenmama und ihren zwei Kitten, die noch nicht einmal ihre Augen offen hatten.

Meine Mutter arbeitete noch immer in Wien. Mein Vater verreiste zwar auch noch häufig, war aber dennoch das Elternteil, welches nun öfter zu Hause war. Dadurch gewann unser Verhältnis wirklich unglaublich dazu – diese Situation hat uns richtig zusammengeschweißt. So entstand eine sehr schöne Vater-Tochter-Beziehung. Alleine war ich aber trotzdem noch häufiger, meine Eltern waren ja – wie gesagt – beide viel unterwegs. Grundsätzlich wusste ich, wie ich einen Haushalt führen muss. Vieles erledigte ich gemeinsam mit meinem Freund. Ich fühlte mich schon so unglaublich erwachsen und reif für alles Weitere, was noch auf mich zukommen sollte.

Nach zwei Jahren in unserem Traumhaus mussten wir es ziemlich überstürzt wieder verlassen. Meine Mutter verlor ihren Job und mein Vater war nach einer langen Krankheitsgeschichte gezwungen, wieder neu Fuß zu fassen – das überlebte ihre Beziehung nicht. Und ich wusste es wieder vor meinem Vater. Meine Eltern mussten noch einmal zusammenkommen, um zu merken, dass es doch nicht funktioniert.

Wir mussten also ausziehen – und das schnellstmöglich. Meine Eltern waren schon getrennt, konnten es sich aber anfangs finanziell nicht leisten, auch getrennt zu leben. Also mussten wir zu dritt in eine Wohnung ziehen, in der meine Eltern sich auch weiterhin ein Schlafzimmer teilen mussten. Es war grausam.

Die Wohnung an sich war wirklich süß, von der Raumaufteilung vielleicht etwas ungünstig für eine dreiköpfige Familie mit einem fast erwachsenen Kind – zu dem Zeitpunkt war ich 18 Jahre alt. Aber das, was ich von Beginn an in dieser Wohnung sah, konnte ich auch nicht mehr ablegen. Sie war die Notlösung, die Wohnung, die für eine Übergangszeit bestimmt war.

Mit der Zeit wurde meine Sehnsucht danach, auf eigenen Beinen zu stehen, mein eigenes Leben zu leben und unabhängig zu sein, immer größer. Ich hatte das Gefühl, ich musste weg – heute weiß ich, dass es vielmehr ein Weglaufen vor mir selbst, vor meiner Verletzlichkeit, war.

Ich konnte mir nie eingestehen, dass auch ich verletzbar bin. Nach außen stand ich immer als die Starke da, die nichts umhauen konnte und genau wusste, was sie wollte. Jedoch merkte ich schnell, dass ich mich einfach in das nächste Abenteuer stürzen musste, um zu vergessen, was in der letzten Zeit passiert war. Meine heile Familie war zerbrochen – also das, wovon wohl jeder Mensch träumt, wonach sich jeder Mensch sehnt. Und ich war wohl nicht die Einzige, die fliehen musste.

Mein Vater wanderte während meiner Abiturzeit nach Zypern aus – der einzige Ausweg, den er noch sah. Und ich, ich wollte meinem Traum nachgehen, Medizin zu studieren, und zog deshalb nach meiner Schulzeit nach Berlin. Endlich meine eigenen vier Wände, endlich kein Familiendrama mehr.

Nach einer langen Wohnungssuche habe ich eine kleine, süße Einzimmerwohnung in Berlin gefunden. Meine Katzen ließ ich erst mal in meiner Heimat, damit ich die Chance hatte, mich in Berlin richtig einzuleben und dort Fuß zu fassen. Einen Haushalt zu schmeißen, das weißt du ja jetzt, war für mich schon kein Problem mehr. Ich wusste, wie man Einkäufe erledigt, das Klo putzt und für Ordnung sorgt. Aber das ist es nicht, was das Leben eines Erwachsenen ausmacht. Vielmehr empfinde ich das Erwachsensein als ein einziges Entscheidungen-Treffen-und-Verantwortung-Übernehmen.

In Berlin absolvierte ich ein Vorsemester, um mich auf das anstehende Medizinstudium vorzubereiten. Jedoch merkte ich schnell, dass das Studium nicht das war, was ich mir darunter eigentlich vorgestellt hatte. Schlimmer noch: Ich habe mich in der ganzen Zeit mehr und mehr verloren. Deshalb brach ich das Vorstudium ab. Ich war gerade neunzehn Jahre alt geworden, zog wieder zurück zu meiner Mutter und die Zeit, die dann kam, war wirklich nicht einfach. Wir litten gemeinsam. Nicht nur bei ihr kamen die angesammelte Trauer und Wut der letzten Jahre hoch, die Verzweiflung über das, was geschehen war, den Jobverlust, die Erkrankung meines Vaters und das erneute Scheitern ihrer Beziehung, sondern auch bei mir. Aber wir haben es geschafft, uns gegenseitig aufzubauen, nicht am Boden zu bleiben, sondern wieder aufzustehen. Dennoch musste sich etwas ändern.

Gemeinsam suchten wir uns eine neue Wohnung, nachdem wir uns erfolglos größte Mühe gegeben hatten, aus der alten Wohnung, in der mein Vater kurze Zeit mit uns lebte, ein Zuhause zu machen.

Wir verkauften die alten Möbel aus der alten Zeit und schafften uns neue an, wir räumten die Wohnung um und dekorierten alles in Rosa: Es sollte eine schöne Mädchen-WG werden. Aber das Leid, den Schmerz, den wir dort durchlebten, den konnten wir nicht verbannen. Die Vergangenheit und ihre emotionalen Nachwehen standen förmlich in der Luft. Also suchten wir uns eine neue Bleibe.

Die neue Wohnung wurde ein wirkliches Zuhause. Mit unserem rosa gestrichenen Flur, in dem ein Bild von vier Frauen hing, die eine riesige Torte essen, einem Kamin und unglaublich netten Nachbarn konnten wir endlich mal durchatmen. Ich hatte mir geschworen, dass das vorerst der letzte Umzug sein sollte.

Ich liebe meine Mutter über alles. Sie ist meine zweite Hälfte, meine Seelenverwandte, meine beste Freundin und Schwester. Und natürlich auch meine Mutter. Dennoch merkten wir schnell, dass die Zeit reif war und ich nun meinen eigenen Weg weitergehen musste. Da wir durch eine tiefe, bedingungslose Freundschaft verbunden sind, waren wir nicht nur rein physisch wegen unserer Wohnsituation ständig zusammen, sondern auch noch mental – weil wir jeden Tag gemeinsam über das Leben philosophierten und gegenseitig in der jeweils anderen Halt suchten. Aber irgendwann wurde es zu viel, zu eng für uns beide. Jede von uns brauchte mehr Raum für sich selbst.

Also beschloss ich mit 20 Jahren, endgültig auszuziehen, dieses Mal auch mit meinen Katzen, die allerdings durch eine Tragödie auf zwei reduziert worden waren.

Ich bin ein Mensch der schnellen Taten. Klar zerbreche ich mir den Kopf über meine Entscheidungen und über das, was nun richtig und was falsch wäre. Aber habe ich mir etwas in den Kopf gesetzt, setze ich es um. Sofort. Ich machte einen Besichtigungstermin fest und unterschrieb den Mietvertrag.

Heute lebe ich nun seit einem Jahr mit meinen beiden Katzen und meiner neusten Mitbewohnerin Molly, meiner Hündin, in meiner eigenen Wohnung. Sie ist für mich ein kleiner großer Halt in vielen schwierigen Situationen und schafft es, mich immer wieder auf den Boden zurückzuholen. Alleine zu wohnen – und damit meine ich ganz alleine – ohne Partner und ohne Mitbewohner, das kann auch schnell mal einsam werden. Und ich bin echt kein Mensch, der sich gerne einsam fühlt, auch wenn ich das Alleinsein sehr genießen kann. Ich weiß, dass ich Verantwortung übernehmen kann, ich konnte sie bereits für meine Katzen übernehmen und – was am wichtigsten ist – für mich selbst. Ein Hund bedeutet aber noch mal um einiges mehr.

Wie viel Hingabe und wie viele schlaflose Nächte so kleine Vierbeiner bedeuten, merkt man erst richtig, wenn man sie zu Hause hat, jedoch sollte man sich vorher mit allen möglichen Szenarien, die auf einen zukommen könnten, beschäftigt haben. Das nächtliche Aufstehen, wenn sie noch kleine Welpen sind, die teuren Tierarztbesuche und die möglichen Krankheiten, die sich die kleinen Würmchen einfangen.

Ich bin 21, bald 22 Jahre alt und selbstständig. Ich habe einen Berufsweg eingeschlagen, der vielleicht nicht gerade der ist, den man bis zu seiner Rente ausübt. Ich muss meine Buchführung machen, mich mit Steuern auseinandersetzen, meinen Haushalt schmeißen, meine Tiere versorgen, ihnen Liebe und Fürsorge schenken, mein Sozialleben nicht vernachlässigen und mich dabei am besten nicht selbst vergessen.

Manchmal habe ich Angst, dass ich das alles nicht hinbekomme. Ich bin viel unterwegs und muss meine Zeit gut einplanen, muss die Versorgung meiner Tiere managen und mich auf andere Menschen verlassen, die einen Teil meiner Verpflichtungen und Aufgaben übernehmen, wenn ich verreisen muss. Ich fühle mich oft überfordert und denke, dass mir alles über den Kopf wächst. Ich bin dann verzweifelt und möchte am liebsten all meine Aufgaben abgeben, weglaufen und wieder Kind sein. Das Gefühl, dass ich das alles nicht kann und andere ihr Leben viel besser meistern als ich, dass ich gar nicht erwachsen bin, das sucht auch mich mal schnell heim – jedoch glaube ich, dass das zum Erwachsensein dazugehört. Der Zweifel an mir und meinen Fähigkeiten, ja die Angst, die ich dann empfinde, bringt mich zunächst weg von mir selbst, jedoch hilft mir der Zweifel dabei, mich selbst zu überprüfen. Es ist ein Prozess. Doch ist das Wichtigste am Erwachsensein, dass man sein inneres Kind nicht vernachlässigt, sich nicht im Erwachsensein verliert und die Leichtigkeit des Lebens nicht übersieht. Einem wird ständig gesagt, man solle sich wie ein Erwachsener verhalten, einem wird vorgejammert, wie schwer und anstrengend das Leben doch ist. Ja, es ist anstrengend und ja, es gibt immer schwierige Zeiten – sowohl auf dem Weg in das Erwachsenenleben als auch im Leben von Erwachsenen. Jedoch vergessen wir viel zu häufig, dass – egal, ob wir Erwachsene, Jugendliche oder Kinder sind – wir immer noch wir selbst sind. Es liegt ganz alleine an uns, wie viel Last wir in den Rucksack packen, den wir mit uns durch das Leben tragen. Es liegt an uns, ob wir freudig oder traurig durch das Leben gehen. Es liegt nicht am Alter oder an der Verantwortung, die wir tragen müssen.

Ich musste schnell erwachsen werden und Verantwortung übernehmen. Ich war aber schon immer ein Mensch, der für sich selbst Verantwortung tragen kann und sie auch gerne für andere Lebewesen übernimmt. Und es lag ganz alleine an mir, dass ich immer mehr Verantwortung übernommen habe. Ich bin mir sicher, dass es daran liegt, dass ich Eltern an meiner Seite hatte, die an mich glaubten und mich auch als Kind mit meiner Einstellung zum Leben und meinen Entscheidungen ernst nahmen. Und das gilt nicht nur für die Vergangenheit, sondern auch für die Gegenwart und bestimmt auch für die Zukunft.

Der Punkt, an dem ich heute stehe, den habe ich mir selbst ausgesucht, und wenn ich an meine Vergangenheit zurückdenke, kann ich sie als schwierig bewerten oder als sehr hilfreich, da sie mich zu dem Menschen gemacht hat, der ich heute bin. Denn das Wichtigste ist, dass ich mir selbst stets zur Seite stehe.

WOVOR HAST DU AM MEISTEN ANGST?

Wenn ich ehrlich bin, habe ich vor vielen Dingen Angst, bei denen ich auch abstreite, dass ich sie habe.
Ganz ehrlich: Wovor hast du Angst? Welche dieser Aussagen treffen auf dich zu (1 – gar nicht, 10 – volle Kanne)?

☐ Manchmal liege ich im Bett und grüble über die Zukunft nach.
☐ Ich habe Angst vor dem Erwachsensein.
☐ Ich habe oft das Gefühl, dass mir alles zu viel wird.
☐ Ich treffe ungern Entscheidungen.
☐ Ich fürchte mich davor, arbeitslos zu sein.
☐ Ich habe Angst davor zu versagen.
☐ Ich habe das Gefühl, ich schaffe nicht das, was ich mir vor-
☐ nehme.
☐ Ich habe Angst, später ohne Geld dazustehen.
☐ Ich frage mich oft, ob ich überhaupt alles richtig mache.
☐ Ich bin noch nicht so weit, Verantwortung für andere zu übernehmen.
☐ Ich habe Angst vor dem Tod.
☐ Ich habe Angst davor, von anderen abgelehnt zu werden.

Angst zu haben ist völlig okay. Unsere Angst möchte uns beschützen, sie hat selbst Angst. Wichtig ist bloß, dass wir erkennen, wann wir aus Angst handeln und wann uns unsere Angst einschränkt – das passiert nämlich sehr schnell. Beobachte dich selbst und frage dich, woher dein Gedanke kommt. Und wenn die Angst dich dann begrüßt, dann grüße sie lieb zurück, nimm sie in den Arm und sag ihr, dass sie keine Angst zu haben braucht. Vergiss nicht: Es sind alles unsere eigenen Gedanken, du selbst hast die Kraft, sie zu ändern!

ERZÄHL MIR DEINE SORGEN!

Bist du gerade überfordert oder fühlst du dich überrannt von deinen Zukunftsängsten? Was bedrückt dich momentan und wovor hast du Angst? Stress mit Freund, Eltern, Schule, Uni? Schreib es auf und mache dieses Buch zu deinem eigenen Tagebuch!

LIEBES TAGEBUCH,

Wie soll ich all das schaffen, wo fange ich an und wie schaffe ich es, nicht völlig zu verzweifeln? Wenn ich meine Gedanken aufschreibe, dann fühle ich mich danach zunächst erleichtert. Manchmal sehe ich, dass all meine Sorgen und Ängste gar nicht so schlimm sind, und manchmal hilft es mir schlichtweg, mich selbst etwas besser zu strukturieren. Glaube mir, wir sind alle ab und an mal an dem Punkt, an dem wir einfach völlig hilf- und ratlos sind, weil der kleine Haufen vor uns plötzlich zu einem riesigen Berg angewachsen ist, ohne dass wir es mitbekommen haben. Du bist nicht alleine und du schaffst das!

ZUR RUHE KOMMEN

Die Zeit vergeht immer schneller und wir kommen zu nichts. Vor allem aber kommen wir nicht mehr zur Ruhe. Zu allem Übel kommt am Abend oft noch der Selbstzweifel hoch. Wir checken noch mal kurz die Social-Media-Kanäle, sehen das scheinbar perfekte Leben anderer Menschen und steigern uns in unsere eigene Unzufriedenheit hinein.

Dabei ist das Einschlafen mit guten Gedanken so wichtig! Um nicht mit all diesen negativen Gedanken einzuschlafen, lege ich das Smartphone abends rechtzeitig weg und greife eher nach einem Buch, welches mich auf schöne Gedanken bringt. Und wenn du dich darauf einlassen magst, kann ich dir Meditieren auch sehr ans Herz legen.

Aber nicht nur die Ruhe vor dem Schlafen ist wichtig, sondern auch das stressfreie Aufstehen. Wenn du deinen Tag stressfrei beginnst, wird dich so schnell nichts aus der Bahn werfen können. Mal ehrlich: Wie schnell greifst du morgens zu deinem Smartphone, abgesehen davon, dass du den Wecker ausschalten musst? Wie wär's, wenn du dir die ersten 20–30 Minuten morgens gönnst, um ganz in Ruhe aufzustehen? Starte deinen Tag mit positiven Gedanken. Vielleicht gönnst du dir gedanklich einen kleinen Ausflug zu einem deiner Traumorte.

Zeit ist relativ. Wir haben viel Zeit, wir müssen sie nur richtig nutzen. Wenn du voller Stress und negativer Gedanken an die Dinge rangehst, wirst du merken, dass dir die Zeit davonrennt. Vergiss nicht, worum es im Leben wirklich geht!

TANZ DICH FREI!

Wenn wir gerade in einer akuten Stresssituation sind, beispielsweise kurz vor einer Klausur stehen, ein Projekt abgeben müssen oder uns schlichtweg die Decke auf den Kopf fällt, müssen wir schnell den Kopf freibekommen. Also: Tanz dich frei!

So bescheuert das auch klingen mag, ich verspreche dir, dass es dir danach besser gehen wird. Drehe deine Musik laut auf, spring durch die Wohnung, singe laut mit und probiere die verrücktesten Bewegungen aus. Lass alles raus!

NIMM DIR ZEIT FÜR DICH!

Nein, es geht nicht mehr, heute ist mir wirklich alles zu viel. Ich fühle mich, als würde mir jemand die Beine wegschlagen. Vor allem aber habe ich keine Lust mehr – zu nichts, ich will doch nur meine Ruhe! Kennst du das Gefühl? Ich habe dann plötzlich keine Zeit mehr für meine Hobbys, fühle zu viel Verantwortung auf einmal auf mir lasten und meinen Haushalt bekomme ich sowieso schon mal nicht mehr auf die Reihe. Wann erledige ich neben Arbeit, Schule und Uni die anderen Dinge in meinem Leben?

Manchmal stehe ich morgens auf und habe so viele Aufgaben zu bewältigen, dass ich gar nicht weiß, womit ich denn nun anfangen soll. Und dann passiert – genau – gar nichts. Ich bin – leider erst vor Kurzem – auf die Idee gekommen, mir einen Orientierungsplan anzulegen. Richtig: ein Orientierungsplan – kein Zeitplan. Er hilft mir enorm, meinen Alltag und meine Freizeit zu strukturieren, ohne dass ich dabei ein Pflichtgefühl habe oder mich wie eine Versagerin fühle, wenn ich es nicht schaffe, die Dinge auf meinem Plan zu erledigen. Er ist ja bloß eine Orientierung.

In diesem Plan kannst du dir eintragen, an welchem Tag du Zeit für was haben willst. Wenn du dir einplanst, dass der Montag dein Sporttag ist, der Dienstag dein Tag für Freunde und der Mittwoch vielleicht ein Tag ist, an dem du dir selbst etwas ganz Tolles kochst, dann brauchst du morgens nicht schon zu überlegen, wie der Tag nun aussehen soll. Nimm dich selbst wichtig und nimm dir vor allem Zeit für dich!

MEIN WOCHENPLAN

To-Do	MO	DI	MI	DO	FR	SA	SO
Hobby							
Haushalt							
Freunde							
Familie							
Fitness							

Liebe
stellt
KEINE
Bedingungen

Liebes Tagebuch,

weißt du, Liebe ist etwas Wunderschönes, ganz gleich, um was für eine Liebe es sich handelt. Ich denke, dass Liebe irgendwie der Ursprung von allem ist, der Grund – unser Motor, der uns am Leben hält. Und das, obwohl man sie nicht in Worte fassen kann. Denn Liebe ist viel mehr als eine Aneinanderreihung von Wörtern, welche ihre Definition beschreiben sollen. Sie ist grenzenlos, unendlich. Liebe will nicht besitzen und stellt auch keine Bedingungen.

Für mich bedeutet Liebe aber auch Familie, weil eine Familie für mich das darstellt, was Liebe in meinen Augen beinhaltet. Eine Familie ist ein Ort, an dem man sein kann, und Familie muss nicht zwangsläufig etwas mit Blutsverwandtschaft zu tun haben. Sie bietet dir ein Netz, welches dich auffängt, wenn du mal fällst, eine Schulter zum Anlehnen. Familie bedeutet Bedingungslosigkeit und Vertrauen, genau wie die Liebe. Und als meine Familie zerbrach, ist meine erste große Liebe in mein Leben getreten. Die erste große Liebe, die mich durch so viele turbulente Phasen in meiner Zeit des Erwachsenwerdens begleitet hat.

Ich war 15 Jahre alt, als wir uns kennenlernten. Und das über den wohl unromantischsten Weg, den man sich vorstellen kann – Facebook. Er war schon einige Zeit in meiner Facebook-Freundesliste, bevor er mich das erste Mal anschrieb. Irgendwie hatte ich ihn auf seinem Foto verwechselt und dachte, es sei ein Junge von meiner Schule, weshalb es überhaupt zu der Facebook-Freundschaft gekommen war. Aus einem kurzen Small Talk wurden lange Gespräche über das Internet, bis wir schließlich unsere Nummern austauschten. Damals gab man sich allerdings gegenseitig statt Handynummern erst mal die ICQ-Nummern.

Nachdem wir wochenlang hin und her geschrieben hatten, kam es dann endlich zu einem Treffen mit dem geheimnisvollen Unbekannten, der durch das viele Schreiben eigentlich gar nicht mehr so unbekannt war. Im Gegenteil: Irgendwie hatte ich das Gefühl, ihn schon zu kennen, obwohl ich auch gleichzeitig das Gefühl hätte, als wäre er ganz fremd. Ich meine, gesehen hatten wir uns noch nie, wussten aber doch schon einiges voneinander. Eine ganz neue Situation für mich.

Es war total aufregend, denn obwohl ich mich nicht zum allerersten Mal mit einem Jungen traf, war dieses Treffen ein anderes. Er war dreieinhalb Jahre älter als ich und somit schon viel reifer und erfahrener als die Jungs in meinem Alter. Ich redete mir den Mund fusselig, um bloß keine peinliche Stille aufkommen zu lassen – das Schlimmste beim ersten Date. Das Schönste aber war, dass wir keinerlei gemeinsame Freundeskreise hatten und er meine Geschichte nicht kannte.

Ich war eine lange Zeit krank gewesen und hatte dadurch viel Ausgrenzung durch meine Mitschüler erlebt. So was hinterlässt erst mal frische Wunden und nachher tiefe Narben. Eine riesige Schutzmauer hatte ich um mich herum gemauert, damit mich auch bloß niemand mehr verletzen konnte.

Bei ihm aber war ich ein ganz normales Mädchen. Ein Mädchen, dessen Geschichte er nicht kannte.

Vielleicht kannst du dir gar nicht vorstellen, liebes Tagebuch, was es mir bedeutete, ein normales Mädchen zu sein. Endlich ein normales Mädchen, welches ernst genommen und gesehen wird. Und das zu einem Zeitpunkt, an dem ich mich selbst nicht mehr sehen, mir selbst nicht mehr vertrauen konnte. Gar nicht mehr wusste, wer ich bin, schließlich urteilten meine Mitschüler schon so viel über mich.

Mit ihm konnte ich bei null anfangen und mich von meiner Vergangenheit befreien, alles hinter mir lassen und neu starten.

Wir waren auf einer Wellenlänge, hatten denselben Humor und verliebten uns irgendwie auf Anhieb ineinander. Verbrachten von Anfang an fast jeden Tag gemeinsam.

Die Geschichte, wie wir ein Paar wurden, werde ich wohl auch nie vergessen. Ich lag im Krankenhaus und hatte gerade eine Operation hinter mir, als er abends noch mit dem Skateboard vorbeigefahren kam. Ich war ungeschminkt und noch total geschafft von der

Operation. So hatte er mich noch nie gesehen, obwohl wir uns einen Monat lang fast jeden Tag getroffen hatten. Ich fragte mich, ob er mich wohl auch so mag, wie ich in diesem Moment aussah. Völlig bescheuert.

Als er dann kam und sich zu mir in mein Krankenbett legte, sagte er mir, ich sei das wunderschönste Mädchen, dem er je begegnet sei. Er wäre froh, mich seine Freundin nennen zu dürfen. Und damit war unser Zusammenkommen besiegelt. Der Beginn einer langen Beziehung mit ihren Höhen und Tiefen.

Auch bei meiner Familie kam mein Freund sehr gut an. Weißt du, mein Bruder lebte nun schon einige Zeit nicht mehr zu Hause – wenngleich es unser Zuhause durch die Trennung unserer Eltern, so wie es mal gewesen war, gar nicht mehr gab. Innerhalb kürzester Zeit wurde mein Freund, vor allem von meiner Mutter, als zweiter Sohn aufgenommen und so zu einem festen Bestandteil der Familie.

Meine Mutter lebte zu der Zeit jedoch größtenteils in Wien, sie arbeitete dort. In den Phasen, in denen sie sich in Österreich aufhielt, war ich oft alleine zu Hause. Ein schwieriges Verhältnis zu meinem Vater, meine Einstellung, sich nicht mit der Geschichte, die in unserem alten gemeinsamen Haus auf mich wartete, auseinandersetzen zu wollen, und die traurige Atmosphäre, die dort herrschte, sorgten dafür. Also wurde neben meiner Oma, die in dieser Zeit eine Person war, die mich auf meinem Weg begleitete, nun auch mein Freund zu einer Person, die mir Halt geben konnte. Eine Bezugsperson. Schon nach drei Monaten Beziehung flogen wir gemeinsam zu meiner Mutter nach Wien: unser erstes großes gemeinsames Abenteuer.

Ich habe meine erste große Liebe, meinen ersten Freund, kennengelernt, als meine Eltern bereits getrennt lebten. Und er war auch da, als sie wieder zusammenkamen und wieder zusammenziehen wollten. Eine Zeit, in der ich oft die Welt nicht mehr verstanden habe. Eine Zeit, in der er mein Fels in der Brandung war, meine eigene Familie.

Und dann begann – rückblickend – eine der wohl schönsten Zeiten meines bisherigen Lebens.

Die Fehlstunden in der Schule wurden weniger, meine Noten besser. Ich war endlich, nach einer langen Zeit, wieder gesund und durch ihn konnte ich die Welt mit ganz anderen Augen betrachten. Raus aus dem ständigen Krank-zu-Hause-Liegen und rein in das Abenteuer. Und es wurde ein Abenteuer.

Ich lernte so viele neue Menschen kennen und wurde in seinen Freundeskreis aufgenommen, fand aber auch endlich Anschluss in meiner Schule. Neue Freundinnen, ein ganz neues Leben, das auf mich wartete. Ein einziges Ausprobieren. Die Jugend eben, die ich in vollen Zügen genießen konnte.

Wir lebten nach sechs Monaten Beziehung gemeinsam in einer Dachgeschosswohnung in dem traumhaften Haus meiner Eltern, auf einem Hof in der Nähe der Stadt. Mit riesigen Feldern und vielen Tieren. Es war schon fast so, als wären wir schon eine Ewigkeit zusammen – so fühlte es sich jedenfalls an.

Jedes Wochenende kamen sowohl seine als auch meine Freunde zusammen und wir feierten die besten und lustigsten Partys – und ja, auch meine Eltern feierten mit uns zusammen. Wir tanzten auf den Tischen, drehten die Musik so laut, dass wir am nächsten Morgen mit einem Piepsen im Ohr aufwachten. Eine besonders lustige Erinnerung ist die, dass es bei jeder Party eine Person gab, welche die steile Treppe zu unserer Dachgeschosswohnung nicht mehr runtergelaufen, sondern runtergerutscht ist. Sie war so steil, dass selbst meine kleinen Füße kaum auf eine Stufe passten.

Es war eine so schöne Entwicklung, die ich durchlief: Ich lernte so unglaublich viel dazu und konnte mich richtig entfalten, endlich aus mir rauskommen.

Wir waren ein Team und wurden auch genau so betrachtet. Es war keine normale Beziehung, nicht vergleichbar mit typischen Beziehungen in meinem Alter. Es war eine ganz außergewöhnliche Bindung zwischen uns. So viel Vertrauen, so viel Familie, die wir beide suchten und uns beide schenken konnten. Aber nicht nur uns. Wir waren auch Anlaufstelle für Freunde, die ihren Rat bei uns suchten. Eine so schöne, junge und doch so reife Beziehung.

Und natürlich war es bei uns nicht immer rosig, harmonisch und unkompliziert. Wir hatten auch heftige Auseinandersetzungen, bei denen das ein oder andere Mal etwas durch die Gegend geflogen ist. Man testete Grenzen aus – sowohl die eigenen als auch die des Partners. Auch wir hatten Zeiten, in denen wir kurze Wege alleine gehen mussten.

Durch die Liebe zu ihm gewann ich Unglaubliches dazu. Das Vertrauen, das er mir schenkte, gab mir enorm viel Selbstsicherheit, ich konnte mich durch andere Augen betrachten, fühlte mich wertgeschätzt und konnte mir auch selbst Wertschätzung schenken.

Manchmal können wir uns durch die Liebe, die wir durch andere erhalten, selbst sehen, als würde sie uns den Weg zu uns selbst wieder frei machen. Bedingungslose, reine Liebe von anderen, die einen Menschen verändern kann. Liebe, die jeder Mensch verdient – ganz gleich, wo er herkommt und welche Geschichte er geschrieben hat.

Liebe hüllt dich in einen kuschlig-weichen Kokon, sie schenkt dir ein Zuhause und nimmt dich in den Arm. Fängt dich auf, wenn du dich selbst mal nicht mehr stützen kannst. Durch die Liebe gewinnt man an Selbstvertrauen, weil sie dir zeigt, wie wunderbar und einzigartig du bist. Liebe ist die pure Wertschätzung, der größte Respekt, die wundervollste Anerkennung und das süßeste Gefühl, welches sich in deinem Bauch ganz zart ausbreitet. Und wenn die Liebe, dein Partner, deine Beziehung, dir kein Vertrauen schenkt und dich nicht zum Aufblühen bringt, dich vielleicht sogar kaputt macht, klein macht oder gar klein hält, dann hat dies mit reiner, wahrer Liebe nur wenig zu tun.

Ein Partner, der dich liebt, stellt keine Bedingungen an dich. Er versucht, dich weder in deiner Form noch in deinem Kern zu verändern, und er zwingt dich niemals – aber auch wirklich niemals – zu Dingen, die du nicht tun möchtest oder zu denen du nicht bereit bist. Wenn dir jemand das Gefühl gibt, dass du nicht genug bist, dann ist er sich selbst nicht genug. Dann schenkt er dir keine wahre Liebe.

Liebe urteilt nicht, sie bewertet nicht. Sie lässt dich einfach sein, holt dich an dem Punkt ab, an dem du stehst, oder verweilt mit dir ein bisschen an der bittersten Herausforderung, die du zu meistern hast. Ohne dich fallen zu lassen.

Während unserer Beziehung gab es einige Schicksalsschläge, wie die Krebserkrankung meines Vaters. Eine Zeit, in der ich eine große Stütze brauchte, jemanden, der mich in den Arm nimmt, ohne zu fragen, wieso.

In dieser Zeit war er meine Familie. Wir schafften es, uns gegenseitig das Gefühl zu geben, gemeinsam alles meistern zu können, unschlagbar zu sein. Gaben uns Halt. Denn gemeinsam schafften wir es, diese schwere Zeit zu einer unvergesslichen und doch so wunderbaren Zeit zu machen.

Er begleitete mich bei meinen täglichen Krankenhausbesuchen, fuhr mit mir 40 Minuten zum Krankenhaus hin – und auch wieder zurück –, war für mich der Ansprechpartner, an den ich mich wenden konnte, um meinen Frust, meine Angst loszuwerden, die ich sonst nirgends lassen konnte. Und das, ohne einen doofen Ratschlag zu erhalten, mit dem man sowieso nichts anfangen konnte.

Er brachte mir meine Brotbox in die Schule, wenn ich sie zu Hause vergessen hatte, tanzte mit mir wie wild durch die Wohnung, um meine Laune wieder nach oben zu bringen. Wir halfen uns gegenseitig bei Schulsachen, wenn der eine mal nicht weiterwusste, kochten zusammen außergewöhnliche, neue Gerichte – und obwohl wir alles gemeinsam machten, vieles gemeinsam erlebten, zusammenlebten und unser Leben miteinander teilten, hatte jeder noch sein eigenes Leben. Mit seinen eigenen Freunden und seinem eigenen kleinen Bereich, ganz allein für sich. Etwas, was die Liebe auszeichnet. Sie soll dich schließlich nicht einschränken oder auffressen, vielmehr soll sie sich in deinem Sein bestärken, dir helfen, dich zu entfalten. Liebe ist so pur, dass sie uns keine Grenzen setzen kann. Sie kennt kein Geschlecht, keine Hürde, keine Distanz. Man lässt sich aufeinander ein, gibt sich dabei aber nicht auf. Es ist ein Hingeben, kein Aufgeben. Sich hinzugeben bedeutet loszulassen, einmal nicht alles kontrollieren zu müssen, sondern zu vertrauen und sich vollkommen zu zeigen. Wenn wir uns hingeben, halten wir nichts mehr zurück und warten nicht mehr auf Beweise, um endlich wieder vertrauen zu können, sondern springen mit allem, was wir sind, ins Wasser. Und nein: Es muss nicht immer einfach sein, es ist auch sicherlich nicht immer einfach. Zu oft werden wir von Ängsten und Zweifeln eingeholt, welche uns von uns selbst wegbringen. Und weg von der Liebe.

Unsere Gedanken sind so mächtig, dass schon der kleinste Zweifel ausreicht, um dich aus deiner zarten rosa Welt hinauszuzerren. Es muss nur eine Person sein, der du Glauben schenkst, welche bei dir einen einzigen Zweifel, einen einzigen skeptischen Gedanken säht. Und schon zweifelst du an der Liebe, lässt diesen Gedanken reifen.

Vielleicht bist du diese Person sogar selbst, die sich einen Gedanken voller Zweifel einredet. Vielleicht aus der Angst heraus, diese Liebe wieder zu verlieren. Und genau in diesem Moment entsteht Leid oder vielleicht sogar Eifersucht. Fernab von jeglicher Liebe und jeglichem Vertrauen.

Ich habe immer fest daran geglaubt, dass es im Leben nur eine einzige wahre Liebe geben kann. Der oder die Eine, Mr. oder Mrs. Right. Heute weiß ich, dass es nicht nur diese eine Liebe geben muss.

Eine Liebe ist für mich nicht nur das Gefühl, sondern auch ein Wegbegleiter. Jede Liebe ist ein Meilenstein, an dem wir wachsen. Wir verändern uns schließlich ständig und mit unserer Veränderung endet ein alter Lebensabschnitt und ein neuer beginnt. Wir machen Erfahrungen und lernen daraus, wir entwickeln uns zu jeder Zeit, und das sogar total unbewusst.

Manchmal versuchen wir verzweifelt, Dinge, die im Wandel sind, festzuhalten, weil wir Angst vor der Veränderung haben. Vielleicht weil wir Menschen ständig denken, wir müssten wissen, was als Nächstes passiert, anstatt dort zu leben, wo wir uns gerade befinden. Im Jetzt.

Du willst nicht fallen, es ist die Angst. Angst aus einer Welt zu treten, die es so gar nicht mehr gibt. Deinem Leben in einer Märchenwelt. Oder ist es sogar die Angst vor der Liebe?

Wenn du Liebe zeigst, dann fällt die Mauer um dich herum, deine Fassade bröckelt, dein Innerstes kommt zum Vorschein. Dein Innerstes ist eben dieser Kern, den du vor allem beschützen willst und für den du auch in Kauf nimmst, dich vor der Liebe zu verstecken. Wir wären ja schließlich verletzlich, angreifbar.

Manchmal aber, da entwickeln sich zwei Liebende in völlig andere Richtungen. Ein Wandel, den man nicht aufhalten kann, obwohl man sich manchmal nach der Zeit vor dem Wandel sehnt. Zeiten, in denen alles besser war, an denen man sich hochzieht, um den Bruch der Beziehung nicht wahrhaben zu müssen. Wir glauben, dass wir gescheitert sind, dass es irgendwo die Schuld für das geben muss, was passiert ist. Man will nicht, dass es vorbei ist, man will sich diese Veränderung nicht eingestehen. Obwohl alles ständig im Wandel ist.

Und so war es auch bei uns.

Wir waren so jung, als wir zusammengekommen sind, und verbrachten – mit einigen Pausen – fast drei Jahre zusammen. Drei Jahre, die in dem Alter voller Entwicklungen stecken, voller Dinge, die man zum ersten Mal erlebt. Zum ersten Mal verliebt sein, zum ersten Mal auf eine Party gehen, zum ersten Mal die eigene Kleidung vom eigenen Geld kaufen, zum ersten Mal Auto fahren, zum ersten Mal küssen, zum ersten Mal das – ja, das „erste Mal" haben. Die Jugend ist eine Zeit, in der man sich ausprobiert. Das sollte man zwar nicht nur in der Jugend tun können. Jedoch ist diese Zeit eine Phase, in der man die Weichen, die Basis für das legt, was man vielleicht sein und was man auf jeden Fall nicht sein will.

Wenn man sich so jung verliebt, dann ist es sicherlich keine Seltenheit, dass man sich mal in eine andere Richtung entwickelt als der Partner. Das passiert ja auch nicht nur in der Jugend, sondern ist schließlich in jedem Alter möglich.

Trotzdem die Gefühle füreinander nicht von jetzt auf gleich verschwunden waren, so veränderten sie sich doch. Aus einer partnerschaftlichen Liebe wurde eine familiäre, freundschaftliche Liebe. Nicht ausreichend für eine Beziehung. Doch auch das möchte man sich erst nicht eingestehen. Mich trieb mit Sicherheit auch die Angst vor dem Alleinsein. Wir haben schließlich sehr lange zusammengewohnt und alles zusammen gemacht. Abgesehen davon bin ich wirklich ein Mensch, der gerne in einer Beziehung lebt, vielleicht weil es mir das Gefühl der Sicherheit vermittelt. Dann kommt die Angst, keinen neuen Partner zu finden, obwohl man zunächst gar nicht an einen anderen Partner denkt. Aber man hatte doch gerade einen so guten, treuen Wegbegleiter an seiner Seite – wird man so jemanden jemals wiederfinden? So ein großes Gedankenwirrwarr, ein Festhalten an seinem Partner aus Angst davor, allein zu sein, aus Angst davor, die Gewohnheit zu verlassen. Ein falsches Motiv für eine Beziehung.

Die Liebe. Ein wirklich seltsames Ding. Viel zu oft glaubst du, dass du keine Liebe hast, keine Liebe findest oder vielleicht keiner Liebe wert bist. Und wenn sie dann kommt, hast du Angst vor ihr. Angst davor, dich fallen zu lassen, hüllenlos zu sein, verletzbar zu sein. Weich zu sein. Und wenn du dich fallen lässt, hast du Angst davor, sie zu verlieren.

Die erste Liebe wird immer etwas ganz Besonderes, Unvergessliches sein – ganz gleich, wie viele Lieben noch folgen werden. Doch wie ist es bei dir? Was bedeutet Liebe für dich, für dich ganz persönlich?

WAS BEDEUTET LIEBE FÜR DICH?

Jeder hat eine andere Definition von Liebe, obwohl wir uns alle nach dem Gleichen sehnen.

SCHREIBE HIER ALLES AUF, WAS DU DAMIT VERBINDEST UND DIR DABEI WICHTIG IST!

love you

TIPPS FÜRS ERSTE DATE

Ein erstes Date ist kein Bewerbungsgespräch. Wir machen uns verrückt, weil wir anderen gefallen wollen, und schnell kommen Selbstzweifel auf. Eine Woche bevor das erste Date ansteht, beginnen wir schon, uns verrückt zu machen mit Gedanken wie „Heilige Scheiße! Was ist das denn da für 'ne Erhebung unter meiner Haut? Etwa mein Bauch? Den muss ich schnell wieder loswerden!"

Hier eine kleine Übung für dich: Wie fühle ich mich saugut, ohne dem Selbstoptimierungswahn zu verfallen? Was brauchst du, damit du wie Beyoncé in die Bar stolzierst, in der ihr euch trefft? Schreibe auf, was dich so richtig gut und glücklich fühlen lässt! Vielleicht musst du dazu die Gangster-Musik etwas zu laut aufdrehen, damit du dazu wie Nicki Minaj twerken kannst, vielleicht muss aber auch eine neue Handtasche her oder ein ausführliches Bad mit einer Packung Quark im Gesicht genommen werden ... oder vielleicht eine Tafel Schoki. Oder zwei. Go, girl!

HABE ICH DAS VERDIENT?

Nur für den Fall, dass er/sie dir aus Versehen ein Kompliment macht: Nimm es an! Welche der folgenden Komplimente, die er/sie dir macht, hältst du für unrealistisch? Kreuze an und ergänze!

- ☐ Du bist wunderschön!
- ☐ Du hast ein schönes Lächeln!
- ☐ Du bist witzig!
- ☐ Du hast schöne Haare!
- ☐ ______________________________
- ☐ ______________________________
- ☐ ______________________________
- ☐ ______________________________
- ☐ ______________________________

Möglicherweise hast du einige Dinge angekreuzt, für die du – deiner Meinung nach – kein Kompliment verdient hast. Herzlich willkommen auf deiner „Ich bin nicht gut genug"-Liste. Sehr schade, da du scheinbar vergessen hast, dich mit liebevollen Augen zu betrachten. Ständig reden wir uns schlecht und klein, lehnen uns selbst ab und denken vielleicht sogar, dass wir es nicht verdient haben, Liebe und Aufmerksamkeit zu erfahren.

Wir reden uns ein: Andere sind schließlich viel schöner als wir. Ab heute ist das anders! YES, GIRL! Du bist wunderbar, vertraue dir zur Abwechslung einfach mal selbst. Achte einen Tag lang mal nur auf dich und schaue dabei nicht auf andere. Streiche alle negativen Beurteilungen über dich selbst und schreibe deine Liste noch mal neu.

ANGST VOR DER LIEBE

Wir haben Angst davor, Gefühle zu zeigen, weil wir das mit Schwäche gleichsetzen. Schließlich machen wir uns damit verletzlich. Ich meine, wenn wir jemandem zum ersten Mal unsere Liebe gestehen, ist es ein bisschen so, als würden wir nackt durch den Park laufen – ungeschützt vor den Blicken anderer und vielleicht sogar angreifbar.

Glaubst du vielleicht, dass du erst geliebt werden kannst, wenn du abnimmst oder deine Haare über Nacht voller werden? Wir haben Angst davor, verletzlich und schwach zu sein, weil wir uns selbst vielleicht nicht als gut genug empfinden, wir an uns selbst zweifeln. Und genau da sollten wir unsere Selbstliebe zum Aufblühen bringen. Aber – halt! Selbstliebe wird oft falsch interpretiert, sie hat nämlich nichts mit Egoismus zu tun. Und – nein: Du bist auch kein Narzisst, wenn du dich selbst toll findest.

Selbstliebe hilft dir dabei, deine Sichtweise auf die Dinge zu verändern und dich anzunehmen, wie du eben bist. I was born this way! Ein bisschen mehr Lady Gaga würde uns allen guttun. Wie wäre es also mal mit einem Date mit dir selbst?

Zünde dir ganz viele Kerzen an, bestelle oder koche dir etwas Leckeres, vielleicht etwas, was du dir nur selten gönnst, und schmeiß dich ruhig in dein schönstes, heißestes oder kuscheligstes Abend-Outfit. Gossip Girl an – und los geht's! Wie soll dein Date mit dir aussehen und wann wirst du dich mit dir verabreden? Plane hier dein Date mit dir selbst!

grenzen
enstehen
in
unserem
Kopf.

Liebes Tagebuch,

Träume sind etwas Wunderschönes. Sie versetzen uns in eine andere Welt, in der alles möglich ist. Aber weißt du, was ich mich manchmal frage? Wieso schließen wir eigentlich prinzipiell aus, dass alles möglich ist? Vielleicht, weil andere es uns eingetrichtert haben? Weil wir in dem Glauben groß geworden sind, dass es Grenzen gibt. Grenzen, hinter denen die Unmöglichkeit kommt. Grenzen, die uns zu der Überzeugung und Aussage verleiten: „Ich kann das nicht!"

Wo sind deine Grenzen?

Ich möchte mir keine Grenzen setzen. Meine Eltern haben mich in dem Glauben erzogen, dass ich alles schaffen kann, was ich möchte. Dass es mir immer gut gehen wird, dass ich immer für mich selbst sorgen kann und dass ich eines Tages eine Familie ernähren werde und einen Partner finde, der diese mit mir gründen will. All das sind Dinge, die ich nicht anzweifeln möchte. Ich möchte mich nicht selbst limitieren. Wozu auch?

Meinst du nicht, dass wir zu viel mehr imstande sind, als uns eigentlich zugesprochen wird? Deine Rolle auf dieser Welt sollte dir von niemandem vorgeschrieben werden.

Manchmal, ja manchmal da sind Träume aber vielmehr Dinge, an denen wir uns festhalten, um aus der Realität zu fliehen. Du kannst deine Welt so gestalten, wie du es magst, kannst in deiner eigenen Realität leben. Jedoch gehört es eben auch dazu, sich mit Dingen auseinanderzusetzen, die man nicht in seine Welt hineinlassen möchte.

Moment, Moment. Negative Dinge sollten in unserer wunderbaren Welt doch eigentlich sowieso keinen Platz haben. Aber es liegt ja schließlich auch an dir, ob du etwas Negatives in etwas Positives verwandeln möchtest. Ob du deinen Traum zur Realität werden lassen willst, anstatt dich in ihn zu flüchten.

Mein großer Traum war es, Medizin zu studieren. Ich selbst habe viel Zeit bei verschiedensten Ärzten verbracht, weil ich eine lange

Zeit krank war – also kannte ich mich schon recht gut aus. Ich wollte eine Ärztin sein, die sich für ihre Patienten einsetzt und ihnen einen Ausweg aufzeigt, die Empathie besitzt. Für die ein Patient eben nicht nur eine Nummer, sondern ein Mensch ist.

In der Schule wurde ich ausgegrenzt, nicht ernst genommen und erhielt keinerlei Anerkennung für den Einsatz, den ich dort zeigte. Die Mühe, die ich in meine Arbeiten steckte, um mein Ziel zu erreichen. Ich wurde für meine Leistungen wohl eher belächelt als gelobt oder anerkannt.

Das Ziel, den Studiengang Medizin eines Tages studieren zu können und den dafür notwendigen Notenschnitt zu erhalten, setzte in mir einen unglaublichen Ehrgeiz frei. Ich wollte es allen beweisen. Die kleine, schwache Jana, der niemand etwas zutraute, wollte Großes erreichen. Etwas, was man bei ihr nicht für möglich hielt.

Meine Eltern unterstützten mich dabei. Aber sie unterstützten mich dabei nicht, weil sie es toll fanden, dass ihre Tochter mal einen ansehnlichen Beruf ausüben würde. Sie unterstützten mich dabei, weil ich es zu diesem Zeitpunkt von ganzem Herzen wollte. Es war mein Herzenswunsch.

Ich bin nach Berlin gezogen, um dort ein Vorstudium absolvieren zu können, um dann perfekt vorbereitet in die Aufnahmeprüfung der Universität zu gehen.

Ich liebte Berlin, liebte die Großstadtluft, das kunterbunte Leben und die vielen so unglaublich verschiedenen Menschen.

Voll positiver Erwartungen habe ich mich in das Semester gestürzt, begleitet von einem ganz seltsamen Bauchgefühl. Das Gefühl, irgendwie nicht am richtigen Ort zu sein, obwohl ich mich ja eigentlich sehr wohl fühlte in Berlin.

Ziemlich schnell merkte ich, dass ich im Vorstudium nicht wirklich die Erfüllung fand, die ich suchte. War es wirklich das, was ich wollte? Was sollte denn sonst zu meiner Berufung werden, wenn nicht das, worauf ich jahrelang hingearbeitet hatte?

Ich fand ziemlich schnell Anschluss. Eine Gruppe von Leuten, die genau das gleiche Ziel hatten wie ich. Aber etwas unterschied uns voneinander: Ich war nicht interessiert an der Wissenschaft. Also schon, irgendwie, aber vielmehr interessierten mich die Menschen. Die Menschen mit ihren Geschichten, ihrem Leid, ihren Narben.

Man sagt doch so schön: „Verrate Gott deine Pläne und er wird dich auslachen.“ Ich glaube, mit mir hat er viel Spaß gehabt.

Springen wir mal einen Schritt zurück. Einen Monat bevor ich nach Berlin gezogen bin, erstellte ich meinen YouTube-Kanal janasdiary. Janas Tagebuch. Und genau das sollte es sein. Ein Tagebuch, in dem ich vor allem meine Familie und meine Freunde an meinem Umzug teilhaben lassen konnte. Über mein Studium und mein Leben in einer Großstadt berichten konnte.

Von YouTube hatte ich vorher überhaupt keine Ahnung. Den Begriff „YouTuber“ hatte ich vorher noch nie gehört, geschweige denn, dass das überhaupt ein Beruf ist, mit dem man tatsächlich Geld verdienen kann. Ich wusste nicht, was man durch YouTube alles bewirken kann, was für Massen von Menschen man damit erreichen kann. Die ersten YouTube-Videos schaute ich erst, als ich überlegte, mir dort einen eigenen Kanal zu erstellen.

Dieser YouTube-Kanal begleitete mich durch meine Zeit in Berlin. Und das tut er bis heute noch.

Ich brach mein Vorstudium ab. Nein, ich habe es nicht abgebrochen, weil ich ein YouTube-Star werden wollte. Es gab einen Haufen von Gründen, vor allem aber den, dass ich mich in diesem Studium überhaupt nicht wiederfinden konnte, sondern mich eher darin verlor.

Dass dieser Schritt auf so viel Unverständnis trifft – das hätte ich nicht geahnt. Ich habe nie wirklich konservativ gedacht, für mich war ein Studium noch nie die Bedingung dafür, dass man erfolgreich werden und etwas im Leben erreichen konnte. Im Gegenteil: Meine Eltern waren die besten Beispiele dafür, dass man auch ohne Studium sehr erfolgreich werden kann.

Das Ziel des Medizinstudiums aufgeben – das konnte kaum jemand nachvollziehen. Wie dumm ist das denn? Damit hat sie schließlich eine sichere Zukunft und verdient bestimmt auch mal viel Geld!

Der Druck von außen war enorm, weil kaum jemand verstehen konnte, wie man einen so guten Notendurchschnitt „wegschmeißen“ konnte und ihn nicht nutzen wollte. Schließlich standen einem mit diesem Notendurchschnitt so gut wie alle Unitüren offen. Das jedenfalls versuchten mir alle zu erklären. Wie kann man es den Menschen verübeln? Der Druck fing doch schon in der Schule an: Einige Lehrer trichterten einem ein, was für ein Versager man sei, wenn man mal eine schlechte Note schrieb. Als würde diese eine Note den späteren sozialen Standpunkt festschreiben.

Doch vergessen viele, dass der Charakter, der eigentliche Mensch, nicht durch seine Schulleistung definiert wird. Deine Note sagt nichts über dich aus und macht dich nicht zu einem besseren oder schlechteren Menschen. Man wird von der Gesellschaft so unglaublich schnell auf Äußerlichkeiten reduziert – deine eigentlichen Interessen spielen häufig keine Rolle, geschweige denn, dass sie überhaupt ernst genommen werden.

Ich brauchte eine Auszeit. Gleich nach der unglaublich anstrengenden Schulzeit in eine noch mühsamere Unizeit überzugehen war nicht sehr clever. Ich hatte keine Zeit zum Luftholen, keine Zeit dafür, in mich zu kehren. Zu schauen, was ich wirklich will, was ich jetzt will.

Meine Eltern befürworteten es sehr, dass ich mich auf meinem YouTube-Kanal nun kreativ austoben konnte. Ich liebte es schon immer, total verrückte Ideen irgendwie umzusetzen, und sprudelte nur so über vor Ideen. Ich liebte es, zu schauspielern, belegte jahrelang die Theater-AG. Mehr als ein Hobby sollte es eigentlich auch nicht werden, dieses ganze YouTube-Zeugs.

Jedoch knüpfte ich sehr schnell Kontakte in dieser Szene. Eine Szene, die so völlig anders war als das, was ich eigentlich kannte. Menschen, die so denken wie ich, die sich selbst keine Grenzen setzen und keine Angst vor dem haben, was andere vielleicht über sie denken könnten.

Ein Jahr sollte es sein, in dem ich schaue, wo mich mein Weg hinführt. In dem ich mich austoben kann, zur Ruhe kommen kann und nicht an Stress und Lernen denken musste. Für mich war diese Zeit sehr wichtig, um das zu verarbeiten, was in den vorherigen Jahren passiert war. Jedoch konnten das die meisten meiner Freunde nicht nachvollziehen.

Es hieß, ich sei nun abgehoben, würde mich völlig verändern, wäre nicht mehr die, die ich mal war. Auch bei einem Großteil meiner Familie wurde das belächelt, was ich auf YouTube tat. Die meisten glaubten nicht an mich. Das kann doch nichts werden – davon waren viele überzeugt.

Mein YouTube-Kanal wuchs. Langsam, aber sicher. Freunde wandten sich von mir ab und Familienmitglieder drängten mit der Frage, was ich denn nun als Nächstes studieren möchte. Bis ich anfing, mit meinem Hobby Geld zu verdienen, bis ich anfing, mein Hobby zu meinem Beruf zu machen, und bis die Menschen da draußen aufmerksamer auf mich wurden.

Es entwickelte sich zu meiner Leidenschaft, YouTube-Videos zu drehen. Nicht, weil ich mich mit Kamera- und Tontechnik total gut auskenne, sondern weil ich sah, wie viel man mit seinen Videos bewegen kann. Ich bin nicht der einzige Mensch, der viel in seinem Leben erlebt hat. Ich bin nicht der einzige Mensch, der schon mal Liebeskummer gehabt hat, sich einsam fühlt oder Freunde verloren hat. Da draußen sind so viele Menschen, die genau das vereinen, die aber niemanden haben, mit dem sie darüber reden wollen oder der sie versteht.

Ich sagte mir, wenn ich auch nur einen Menschen mit meinen Videos zum Lächeln bringe, einem Menschen das Gefühl geben kann, dass er nicht alleine ist, dann habe ich schon eine Menge bewegt. Tatsächlich wurden aus einem Menschen Tausende, aus Tausenden wurden Hunderttausende.

Das, was ich in meinem Studium gesucht hatte, habe ich dort gefunden. Das Menschliche, die Vielfalt an Menschen mit ihren ganz eigenen Geschichten.

YouTube-Videos zu produzieren – das ist mein Beruf. Ich werde bald 22 Jahre und bin selbstständig. Doch wirklich stolz darauf war ich eine lange Zeit nicht – und bin auch nicht offen damit umgegangen.

YouTuber werden belächelt. Es wird ihnen meist grundsätzlich unterstellt, dass sie ihre Videos nur drehen, um Geld zu verdienen, berühmt zu werden und Anerkennung zu ernten, weil sie sonst niemals etwas in ihrem Leben erreichen würden. Menschen, die das schnelle Geld wollen, naiv sind, weil sie schließlich einen Beruf ausüben, der keine Zukunft haben kann. Kinderkram – das ist es in den Augen vieler Menschen da draußen.

Auch heute noch werde ich ständig zu einer Rechtfertigung für meine Berufswahl gedrängt. Es ist schließlich ein sehr unsicherer Job: So schnell man auch erfolgreich sein kann, so schnell kann man auch zu Boden fallen. Und das ist absolut richtig.

Ich bin inzwischen seit drei Jahren ein Teil von YouTube, ich produziere seit drei Jahren Videos. In diesen Jahren habe ich mich enorm weiterentwickelt. Ich habe gelernt, bin gewachsen. Ich habe meine Leidenschaft erkannt, indem ich meinem Herzen gefolgt bin. Und ich lebe meine Leidenschaft, jeden Tag. Ich habe Fehler gemacht und daraus gelernt und unbezahlbare Erfahrungen gesammelt. Ich habe mich weitergebildet, kann mich um meine Steuern kümmern, mich selbst vermarkten. Habe Kenntnisse in vielen Bereichen, die man sich nur durch die Praxis aneignen kann. Ich habe keine Ausbildung im klassischen Sinne gemacht, aber ich habe mich selbst immer weitergebildet. Ich habe es schließlich geschafft, mir mein eigenes kleines Unternehmen aufzubauen. Und darauf bin ich echt stolz. Ich weiß, dass es in Deutschland eher selten ist, wenn man sagt, man sei stolz auf sich. Aber hey, es tut verdammt gut, wenn man sich auch mal selbst auf die Schulter klopft. Im Zweifel tut das nämlich kein anderer für dich.

Aber weißt du, was das Wichtigste ist, das ich in den letzten Jahren gelernt habe? Mir selbst zu vertrauen. Mir selbst zu vertrauen, dass alles gut wird und dass ich gut so bin, wie ich bin. Was in aller Welt soll mir denn schon passieren, was ich mit der Zeit nicht wieder zum Guten wenden kann?

Der Beruf, den ich ausübe, der besteht nicht nur aus dem Aufstellen einer Kamera, Abdrehen – fertig! Die vielen durchgearbeiteten Nächte und die Hingabe. Die Einschränkung der Privatsphäre, der übervolle Terminkalender. Das wird nicht wahrgenommen. Was auch gut so ist: Der Konsument soll schließlich das fertige Produkt genießen.

Einen sicheren Job, gibt es den überhaupt? Selbst einst millionenschwere Großkonzerne sind schon pleitegegangen, wobei Tausende Menschen in die Arbeitslosigkeit getrieben wurden. Unternehmen werden umstrukturiert, neu aufgestellt – und auch dem fallen Arbeitsplätze zum Opfer. Alles ist im Wandel, Berufe, die früher noch „sicher" waren, gibt es heute in der Form gar nicht mehr. Und wie heißt es doch so schön: Wer nicht mit der Zeit geht, der geht mit der Zeit.

Zeitarbeitsfirmen vermitteln Menschen in Jobs, die häufig nicht gut bezahlt werden. Unbefristete Arbeitsverhältnisse sind nicht mehr die Regel und so werden Menschen gezwungen, ständig um ihren Job zu bangen. Was also ist daran sicherer?

Wie oft werde ich nach meinem Plan B gefragt, den ich haben sollte, wenn sich von heute auf morgen niemand mehr meine Videos anschaut. Wie oft fragt man einen BWL-Studenten nach seinem Plan B, obwohl er das Studium im Zweifel nur als Lückenfüller nutzt, um nicht nichts zu machen, und wie häufig kommt es in vielen Bereichen vor, dass ein Mensch nicht den Beruf ausübt, den er ursprünglich gelernt hat?

So viele Menschen arbeiten jahrelang in ihrem Beruf und wechseln dann in eine völlig andere Branche. Entdecken in sich selbst ganz andere Stärken.

Es wird so oft ein Drama daraus gemacht, wenn jemand an seine Ausbildung eine zweite Ausbildung dranhängt. Sein Studium abbricht und ein neues beginnt, weil er erst lernen musste, was ihm wirklich Spaß macht. Ich will gar nicht befürworten, dass es gut ist, wenn man sich auf die faule Haut legt und auf Kosten anderer nichts erreicht. Im Gegenteil.

Aber es zeugt von unglaublicher Stärke, wenn man für sich selbst erkennt, wer man ist und wo man hin will – egal, wie viele Jahre, und egal, wie viele Anläufe man dafür braucht. Ich sage immer, dass wir alle Freiheiten genießen können, wenn wir für uns selbst sorgen und anderen damit nicht zur Last fallen.

Los, probier dich aus und trau dich! Eine Niederlage gibt es nicht, du kannst nur gewinnen, du kannst nur wachsen und erkennen, was du nicht willst.

Einen Plan zu haben, einen Traum zu haben – das bedeutet nicht, dass man diesen auch auf Biegen und Brechen genau so umsetzen muss. Pläne sind doch irgendwie dazu da, um sie wieder zu ändern.

Wir sind nicht auf der Welt, um das zu tun, was andere von uns erwarten oder was sie uns zusprechen. Woher soll ein anderer Mensch wissen, was das Beste für dich ist, was dich zu deinem Glück führt?

Ganz gleich, wer du sein möchtest. Sei es! Egal, ob du einen kreativen Job ausüben, studieren oder eine Ausbildung machen möchtest. Ob du dich in einem Großraumbüro gut aufgehoben fühlst, an einem Operationstisch oder auf einer Baustelle.

Egal, ob du einmal Kinder haben möchtest oder nicht, und egal, wie sehr deine Eltern einmal Großeltern werden möchten. Egal, ob du heiraten möchtest oder eben nicht, egal, ob du Mann oder Frau oder beide lieben möchtest, und egal, ob du all das jetzt schon weißt. Tu es, weil du es liebst und weil du es willst.

Wir müssen nicht immer alles wissen, wir sind doch nicht mit der goldenen Schatzkarte des Lebens geboren. Die Veränderung ist die einzige Konstante in unserem Leben – wie soll da bitte etwas immer nach Plan laufen können? Wir haben ein ganzes Leben Zeit, um uns auszuprobieren, und werden immer wieder neue Dinge entdecken, von denen wir vorher nicht mal ahnten, wie toll wir sie finden. Eine Entdeckungsreise, das ist das richtige Wort, um das Leben zu beschreiben. Eine Entdeckungsreise zu sich selbst, um festzustellen, was wir nicht wollen. Und um zu erkennen, wer wir sind.

Du kannst nicht sagen: „Ich kann nicht“, wenn du es gar nicht ausprobiert hast. Du kannst alles, was du willst. Vertraue dir.

Ich schränke mich selbst nicht ein, weil ich das Gefühl habe, dass alles möglich ist. Manchmal scheitert man, sicherlich wird man immer mal wieder scheitern und vielleicht scheitert man anfangs noch ganz besonders häufig. Aber jedes Scheitern ist auch ein Gewinn. Und genau das ist ein Prozess, um zu lernen, wer wir wirklich sind.

Grenzen entstehen in unseren Köpfen. Wenn dir jemand sagt, dass du nicht gut genug bist, dir jemand sagt, dass du etwas nicht kannst, dann kannst du es erst recht. Wir haben die Freiheit, unsere Welt so zu gestalten, wie wir sie schön finden, Leute, die dich einschränken wollen, sollten darin keinen Platz haben.

Oftmals sind das Leute, die einfach nur eine Scheißangst davor haben, dass du glücklicher sein könntest als sie selbst. Viele Menschen haben Angst vor Verlusten und davor, dass andere ihnen etwas wegnehmen könnten. Eine völlig bescheuerte und doch so weit verbreitete Angst. Der Mangel an Selbstvertrauen und eigener Wertschätzung ist so groß, dass man ihn damit kompensieren muss, andere genau so klein zu halten und einzugrenzen, wie man es bei sich selbst tut.

Niemand kann dir etwas wegnehmen, niemand kann dich deiner selbst berauben – außer eben du höchstpersönlich. Du kannst dich deiner Freiheit und Freude berauben, indem du dich selbst einschränkst, dich selbst runterziehst und dich mit Menschen abgibst, die dich darin bestärken.

Alles, was du brauchst, ist bereits fest in dir verankert und das, was dich zu dem Menschen macht, der du bist, dein Wesen, dein Charakter, das kann dir kein Mensch auf dieser Welt wegnehmen.

Menschen neigen dazu, sich an äußerlichen Dingen festzuhalten, sich sogar über äußere, vielleicht sogar materielle Dinge zu definieren. Deshalb schrecken sie schnell zusammen, wenn sie etwas völlig Neues ausprobieren, das zunächst auf wenig Zuspruch stößt. Es ist so traurig, wenn Menschen das Potenzial, das ihnen ihr Leben bietet, nicht ausnutzen, indem sie ihr Leben von anderen Menschen abhängig machen.

Dieser ständige Vergleich untereinander beraubt einen seiner Kräfte. Jeder Mensch ist individuell, jeder Mensch hat seine ganz eigenen Stärken, seine ganz eigenen Schwächen und seine ganz eigene Leidenschaft für ganz unterschiedliche Dinge.

Und genau deshalb kann dir auch niemand Grenzen setzen. Wir sollten aufhören, andere genauso wie uns selbst zu verurteilen. Sei nicht zu hart mit dir, du bist gut so, wie du bist. Vertraue dir selbst und glaube an dich selbst. Wenn du es nicht tust, wer soll es dann schon tun?

FINDE UND GEHE DEINEN EIGENEN WEG

DEINE TRÄUME

Als Kinder haben wir alle von etwas geträumt – Polizist oder Prinzessin zu werden oder sich einmal im Schlaraffenland mit Süßigkeiten den Bauch vollzuschlagen. Also erzähle mir doch:

WOVON HAST DU ALS KIND GETRÄUMT?

____

____

____

____

WELCHE DIESER TRÄUME GELTEN FÜR DICH HEUTE NOCH?

WIESO HAST DU DEINE KINDHEITSTRÄUME VERWORFEN?

____

____

Träume sind so wichtig! Oftmals geben wir unsere Kindheitsträume jedoch auf, weil wir erwachsen werden und sie für unrealistisch oder kindisch halten. Vielleicht aus Angst, nicht in die Gesellschaft zu passen, aus Angst vor Ablehnung oder weil wir zu stark von anderen beeinflusst sind, die denken, dass sie am besten wissen, was gut für uns ist. Frag dich mal, ob jetzt nicht doch noch Träume und Wünsche deiner Kindheit für dich zählen.

ES IST DEIN LEBEN!

Zu oft machen wir uns von den Meinungen anderer Menschen abhängig und werfen dabei unsere eigenen Träume über Bord. Was tust du, nur weil es von dir erwartet wird und du nicht aus der Reihe tanzen möchtest?

WAS WOLLTEN DEINE ELTERN, WAS DU VON BERUF WIRST?

WAS WÜRDEN DEINE FREUNDE SAGEN, WAS DU SPÄTER BERUFLICH MACHST?

WELCHE DIESER TRÄUME SIND DEINE EIGENEN?

Ich sage dir jetzt etwas ganz Verrücktes: Es ist total egal, was andere wollen, was du erreichst. Die Grenzen kannst nur du dir selbst setzen. Wenn jemand sagt, du kannst das nicht, dann ist das die Grenze, die diese Person für dich festgelegt hat. Mache deine Zukunft nicht von der Meinung anderer abhängig. Du kannst schließlich nicht sagen: „Ich kann nicht", wenn du es nicht ausprobiert hast! Du hast nicht so viel Zeit auf diesem Planeten, dass du sie damit verschwenden solltest zu überlegen, was die Gesellschaft oder andere Menschen über dich denken. Überlege selbst, was du willst.

MEINE „DAS-WILL-ICH-TUN“-LISTE

Welche zehn Dinge möchtest du unbedingt getan haben, bevor du stirbst?

1 ______________________________

2 ______________________________

3 ______________________________

4 ______________________________

5 ______________________________

6 ______________________________

7 ______________________________

8 ______________________________

9 ______________________________

10 ______________________________

Das Beste kommt zum Schluss. Was aber, wenn der Schluss schon kommt, bevor wir das Beste überhaupt erleben konnten? Oft denkt man sich: Ich mache das später mal irgendwann, wenn ich in Rente gehe. Aber warum? Arbeite jetzt schon daran, deine Träume zu verwirklichen und deine Ziele zu erreichen. Du weißt nie, was wann passiert, also fang an zu leben – jetzt!

MEIN PERFEKTER TAG

Wie stellst du dir einen perfekten Tag vor – unabhängig von den Erwartungen anderer, unabhängig von Geld und sonstigen materiellen Dingen, die dafür eventuell nötig sind? Wo wachst du auf, welche Rolle spielen Freunde, Familie, Partnerschaft? Welche Tätigkeiten führst du aus, was isst du, was fühlst du? Setze dir beim Träumen keine Grenzen: Alles ist möglich!

MORGENS

MITTAGS

NACHMITTAGS

ABENDS

DEIN 90. GEBURTSTAG

Stell dir vor: Es ist dein 90. Geburtstag und du blickst auf dein Leben zurück. Mit deinen 90 Jahren wirst du viele Hoch- und Tiefpunkte mit all ihren Facetten durchlebt haben.

WAS MÖCHTEST DU RÜCKBLICKEND ÜBER DICH SAGEN KÖNNEN? WAS MÖCHTEST DU IN DEINEM LEBEN ERLEBT HABEN?

WELCHE BOTSCHAFT MÖCHTEST DU DEINEN ENKELN MIT AUF DEN WEG GEBEN?

WAS, GLAUBST DU, IST FÜR DICH WICHTIG IM LEBEN?

Diese Aufgabe zeigt dir, welche Werte du vertrittst, was dir wichtig ist und welcher Mensch du sein möchtest. Vielleicht kannst du Ziele dann auch viel konkreter formulieren. Bis zu deinem 90. Geburtstag hast du vermutlich noch viel Zeit, aber sicherlich auch noch viel zu tun, was deine Ziele angeht. Es ist dein Leben: Feier und genieß es!

DEIN VISIONBOARD

Du kannst dir deine Wünsche und Ziele auch visualisieren, indem du Fotos an eine Pinnwand hängst oder dir ein ganzes Board bastelst! Auf den letzten Seiten hast du vieles über deine Wünsche, Träume und Ziele für dein zukünftiges Leben erfahren. Daraus bastelst du nun ein Vision Board. Höre auf dein Herz und denke nicht darüber nach, ob jemand einen Wunsch für unrealistisch hält. If you can dream it, you can do it! Wähle Bilder aus, die dich beim Anblick sofort emotional packen, aber verliere dich nicht darin, das Board perfekt und cool aussehen zu lassen. Es ist ganz alleine für dich bestimmt. Und du bestimmst selbst, wie viel Platz welcher Lebensbereich bekommen soll.

SO GEHST DU VOR:

1. Sammle Bilder, die dein Herz springen lassen: Schnapp dir Zeitschriften und Magazine, drucke dir Bilder aus dem Internet und/oder deine eigenen Fotos aus.

2. Schneide passende, emotionale Bilder zurecht, die deinen Zielen entsprechen.

3. Besorge dir eine Pinnwand oder ein Plakat und pinne oder klebe die Bilder zu einer Collage zusammen.

WAS DU ABBILDEN KANNST:

Karriere, Partnerschaft, Gesundheit, Hobby, Materielles (beispielsweise Handtasche, Auto), Inspirationen (Zitate, Gefühle) etc.

DER PERFEKTE ORT ZUM AUFHÄNGEN:

Das Schlafzimmer oder Büro, damit du es dir immer und immer wieder anschaust.

WIE DU ES NUTZT:

Schau es dir regelmäßig an und nimm dir Zeit, ein Ziel herauszupicken und dir zu überlegen, was du an dem Tag tun kannst, um deinen Träumen ein wenig näherzukommen.

Alles ist möglich! Du kannst alles schaffen, was du willst! Das Vision Board hilft mir zum Beispiel sehr, nicht zu vergessen, was ich denn eigentlich will. Man wird so schnell von seinen eigenen Wünschen und Zielen abgebracht, dass es wichtig ist, sich diese immer und immer wieder zu verinnerlichen. Dein Vision Board hat die Kraft, dir täglich deine Ziele vor Augen zu halten, dich dauerhaft zu motivieren und vor allem dich in ein positives Gefühl zu versetzen.

SEI
Anders
SEI
Du

Liebes Tagebuch,

viel zu oft zerbrechen wir uns darüber den Kopf, was andere Menschen wohl über uns denken könnten. Wir grübeln über Dinge, die gar nicht mehr in unserer Hand liegen, Dinge, die nur eventuell eintreten könnten. Und ganz gleich, wie wir uns auch anpassen, gibt es immer Menschen, die mit dir nicht klarkommen, nicht mit dir auf einer Wellenlänge schwimmen und dich, egal, was du auch tust, einfach nicht mögen.

Viel zu oft versuchen wir, es den anderen recht zu machen, und stellen uns selbst dafür hinten an. Kannst du mir erklären, wieso wir das tun? Ist es die verzweifelte Suche nach Anerkennung, die wir uns selbst nicht zusprechen, oder nach Aufmerksamkeit, die wir uns selbst nicht schenken?

Mir ist klar geworden, dass ich das, was ich in anderen Menschen suche, zuerst bei mir finden sollte. Es passiert viel zu schnell, dass wir uns für andere Menschen aufopfern, unser Leben nach ihnen richten, obwohl sie uns nur einen winzigen Teil unseres Lebens begleiten. Aber auch das musste ich erst lernen.

Ich war schon immer anders als die anderen. Vielleicht war es meine Kleidung, die mich anders aussehen ließ als die anderen, oder der Fakt, dass ich mich gerne für die Schwächeren einsetzte, anstatt mich auf sie zu stürzen. Vielleicht war es aber auch mein Übermaß an Empathie oder mein Verantwortungsbewusstsein, das bei mir schon sehr früh sehr weit entwickelt war. Ganz gleich, was es war, das mich anders sein ließ – so weiß ich doch, dass Menschen, die in ihrem Leben Ausgrenzung erfahren haben, meist genau das gemeinsam haben. Nämlich: anders sein.

Hochsensibel – das ist wohl ein Wort, welches mich sehr gut beschreibt. Ich bin sehr feinfühlig und nehme die Umgebung, in der ich mich befinde, sehr intensiv wahr. Spüre gleich bei der ersten Begegnung die Emotionen der neuen Bekanntschaften und laste mir sehr schnell Dinge auf. Ich möchte für die Menschen, die ich liebe, stark sein, auch wenn ich selbst daran innerlich zerbreche.

Ein Gruppenmensch war ich eigentlich nie. Ich habe mich nie gerne mit Menschen umgeben, die nicht zu 100 Prozent hinter mir stehen, auf die ich mich nicht zu 100 Prozent verlassen konnte. Daher hatte ich meist eine beste Freundin, mit der ich eine Zeit lang gemeinsam durch das Leben ging. Was nicht heißt, dass ich sonst keinen Kontakt zu anderen pflegte – im Gegenteil. Ich hatte viele Menschen um mich herum, mit denen ich mich gut verstand. Freunde, mit denen ich tolle Dinge erleben konnte.

Aber: Was ist eigentlich ein Freund? Eine Person, mit der man sich gut versteht, eine Person, die nett zu einem ist?

Freundschaft geht für mich viel tiefer. Ein Freund liebt dich genau so, wie du bist, und akzeptiert dich mit all deinen guten, aber auch mit all deinen schlechten Seiten. Bei einem Freund kannst du einfach sein, ohne dich jemals für das rechtfertigen zu müssen, was du bist.

Freundschaft ist – genau wie eine Partnerschaft – bedingungslos. Und ganz gleich, in welcher Situation du gerade bist, ganz gleich, wo du deinen Platz auf der Welt gefunden hast, sollte ein Freund stets an deiner Seite sein. Und immer – ohne Ausnahme – zu dir stehen.

Doch war für mich nicht immer klar, dass ein Freund mehr ist als ein Mensch, der dich für eine kurze Zeit toll findet, dich aber fallen lässt, wenn du anfängst, Schwäche zu zeigen.

Ein Steinwurf. Ein Steinwurf war es, der mir meine Schulzeit zu einer grausamen Zeit machte.

Es war noch in der Grundschule, in meinem allerletzten Jahr, bevor es auf die weiterführende Schule gehen sollte. Die Jungs aus meiner Parallelklasse veranstalteten einen Steinweitwurf, bei dem ich nichtsahnend in der Schusslinie stand. Der Stein, der meinen Hinterkopf traf, war ungefähr so groß wie eine große Hand.

Ich kann mich nicht mehr so genau daran erinnern, wie das alles passierte, jedoch weiß ich, dass ich einige Stunden danach unter starkem Schwindel, Kopfschmerzen und Übelkeit litt. Also musste ich ins Krankenhaus.

Eine schwere Gehirnerschütterung, die mich zwei Wochen aus

dem Schulverkehr zog. Keine große Sache, ich habe Glück gehabt. Dass dieser kleine Unfall aber der Auslöser einer langen Krankheitsgeschichte sein sollte, war zu diesem Zeitpunkt niemandem bewusst.

Es ging auf die weiterführende Schule, total aufregend. So viele neue Kinder, neue Lehrer und eine völlig neue Umgebung. Ich brauche immer erst eine kleine Anlaufzeit, bis ich mich anderen Menschen öffnen und auf sie zugehen kann. Ich bin echt kein introvertierter Mensch, jedoch dauert es, bis ich anderen Menschen gegenüber wirklich so sein kann, wie ich bin. Und es dauert, bis ich mich an eine mir völlig fremde Umgebung gewöhnt habe.

Mir fiel nach und nach auf, dass meine Kopfschmerzen immer schlimmer und immer häufiger auftraten. Völlig unerklärlich, da ich bis dahin ein kerngesundes Kind gewesen war. Ausgelöst durch die Kopfschmerzen, fingen die Fehltage schon sehr früh an, sich zu häufen.

Meine Eltern gingen mit mir von Arzt zu Arzt: Ich wurde auf alles Mögliche hin untersucht und von einer CT gefühlt direkt zum nächsten MRT geschickt. Ein Arzt äußerte sogar den Verdacht auf einen Bandscheibenvorfall, der sich jedoch kurze Zeit danach nicht bestätigte.

Was der Auslöser war? Mein Rücken hatte bei dem Steinwurf einen Schaden erlitten, der leider erst so spät bemerkt wurde, dass er sich nicht mehr schnell beheben ließ. Es war zwar keine schlimme Krankheit, jedoch war es eine Zeit, in der ich von sehr starken Schmerzen begleitet wurde.

Die Physiotherapie löste bei mir ständig zunehmende Schmerzen aus. Mein Rücken war so überreizt, dass ich Knochenhautentzündungen an meinen Wirbeln bekam. Zu allem Übel hatte ich mir bei einem kleinen Sportunfall auch noch mein Steißbein angebrochen.

Die vielen Fehlzeiten stießen auf Unverständnis bei meinen Mitschülern. Es wurde viel darüber gerätselt, weshalb ich denn so oft fehlte. Aber dabei blieb es nicht.

Die Ablehnung der Mitschüler wurde immer größer und ich verlor immer mehr den Anschluss an meine Klasse. Ich hatte sowieso schon genug Probleme damit, mit dem Schulstoff mitzukommen. Umso weniger konnte ich verstehen, wieso plötzlich so schlecht über mich geredet wurde.

Das Gefühl, dass ich nicht mehr dazugehörte, bereitete mir Bauchschmerzen, wenn ich morgens aufstand und zur Schule musste. Ich ging nicht mehr gerne zur Schule, sondern fing mit der Zeit an, immer mehr Angst davor zu bekommen, die Pausen alleine verbringen zu müssen.

Ich sagte ja bereits, dass ich sehr sensibel und feinfühlig bin, also hinterließ meine Angst, meine Unsicherheit, natürlich auch Spuren an meinem Körper. Ich bekam ständig Entzündungen an meinen Wirbeln und Gelenken, mein Blinddarm und meine Mandeln mussten entfernt werden. Ich bekam eine chronische Nasennebenhöhlenentzündung, weshalb ich auch an der Nase operiert werden musste, weil der Schaden schon zu groß war.

Durch die Ausgrenzung zog ich mich immer mehr zurück, kehrte in mich und hatte Angst, etwas falsch zu machen. Ich hatte Angst, anders zu sein und den anderen noch mehr Anstoßfläche zu bieten, weshalb sie mich nicht mögen könnten. Sogar meine beste Freundin machte plötzlich Witze über mich, wie unsportlich ich doch sei und dass ich doch sowieso nichts alleine könnte. Und das vor anderen Mitschülern.

Ich fühlte mich so furchtbar allein und unverstanden. Doch dann kam der Höhepunkt.

In der neunten Klasse fehlte ich fast ein halbes Schulhalbjahr. Ich konnte sechs Wochen am Stück nicht am Schulunterricht teilnehmen, weil ich von den Ärzten eine strikte Auszeit verordnet bekommen hatte.

In dieser Zeit erfanden die Schüler die dollsten Geschichten. Ich sei schwanger – mit 14, ich würde schwänzen und mit meinen Eltern durch die Weltgeschichte reisen.

Das Problem war aber, dass nicht nur die Schüler glaubten, ich sei nicht krank, sondern auch die Lehrer. Und das war ein schier ewiger Kampf.

Die Lehrer unterstellten meinen Eltern, dass sie mich grundlos zu Hause ließen und verantwortungslos mit der Schulpflicht umgehen würden. Attestpflicht hatte ich sowieso, jedoch wurde nicht mal meinen Ärzten geglaubt, obwohl sogar diese sich in mehreren Briefen an die Schule für mich einsetzten. Hätte ich meine Eltern nicht gehabt, die nicht ein einziges Mal an mir zweifelten, dann wüsste ich nicht, wo ich heute stehen würde.

Nach langen Konferenzen mit der Schulleitung und meinen Fachlehrern wurde mir die Chance eingeräumt, mich in schriftlichen und mündlichen Prüfungen in jedem einzelnen Fach zu beweisen. Die Prüfungen musste ich ablegen, um überhaupt benotet werden zu können. Durch meine lange Abwesenheit in der Schule war den Lehrern keine Benotung möglich. Ich musste in den Hauptfächern schriftliche und in den Nebenfächern mündliche Prüfungen absolvieren, in denen es um den Stoff des ganzen Halbjahres ging. Das war meine einzige Möglichkeit, zu einer Nachprüfung in den Sommerferien zugelassen zu werden, für die es vorab eines bestimmten Notenschnitts bedurfte, um überhaupt eine Versetzung in die Oberstufe zu schaffen.

Ein Lehrer missachtete meinen Lernwillen und meinen Einsatz ganz besonders – das werde ich nie vergessen. Es war der erste Schultag nach sechs Wochen Fehlzeit. Ohne Vorankündigung bat er mich am Ende der sechsten Schulstunde vor der ganzen Klasse nach vorn und verkündete lauthals, dass er mich nun über das Halbjahr abfragen würde. Er hätte mir schließlich eine entsprechende schriftliche Ankündigung per Post zukommen lassen, welche aber erst einen Tag nach diesem Vorfall ankam. Lustigerweise wurde sie nämlich an dem Tag, an dem er mich prüfte, erst abgeschickt. Was soll ich sagen? Natürlich bin ich durchgefallen.

Trotzdem schaffte ich es, mir für die Nachprüfung in den Sommerferien den ganzen Schulstoff anzueignen. Ich quälte mich durch alle Bücher, prügelte den Stoff förmlich in meinen Kopf. Meine Eltern unterstützten mich und arbeiteten mit mir die Nächte durch.

Ich hatte eine so große Angst davor, das Schuljahr wiederholen zu müssen. Angst vor neuen Mitschülern und somit noch mehr Leuten, die mich nicht verstehen würden. Ich wollte es unbedingt schaffen.

Und ich schaffte es mit einem Notenschnitt von fast 3,9 in die Oberstufe.

Ich fühlte mich so stark, weil ich mein Ziel erreicht hatte, obwohl niemand in der Schule an mich glaubte. Umso trauriger machten mich die fehlende Anerkennung und die Missgunst der Mitschüler, die böse über mich herzogen, weil ich die Versetzung in ihren Augen nicht verdiente. Nun ging nicht mehr das Gerücht rum, dass ich schwanger sei, sondern das Gerücht, dass meine Eltern die Schule bestochen hätten. Ich war ein Einzelgänger.

Ich versuchte, Anschluss an Gruppen zu bekommen, um die Pausen nicht alleine verbringen zu müssen. Ich stellte mich einfach dazu und versuchte, irgendwie neue Freunde zu finden. Bis ich entschloss, mich durchzukämpfen und es allen zu zeigen.

Als Ziel setze ich mir ein Studium, für das ich den bestmöglichen Notendurchschnitt erreichen musste. Medizin zu studieren war von nun an mein Traum. Ganz gleich, was mich dieses Ziel setzen ließ, ich wollte es und das setzte bei mir enorme Kräfte frei. Vor allem wurde mein Ehrgeiz aber durch die Mitschüler geweckt. Jetzt war ich an der Reihe.

Ich war gesund, die Therapien schlugen endlich an. Ich ließ den Selbstzweifel hinter mir und arbeitete verbissen auf mein Ziel hin: Ich verbesserte meinen Notenschnitt in der zehnten Klasse auf 2,1.

Ich wollte endlich nicht mehr die kleine, schwache, kranke Jana sein, ich wollte eine Gewinnerin sein, stark sein und keine Schwäche mehr zulassen. Mir war bewusst, dass ich nicht alleine dastehe. Meine Eltern waren für mich wie ein großes Netz, welches mich aufgefangen hat. Und dann gab es noch meinen damaligen, allerersten Freund, der nichts von meiner Vergangenheit wusste, meine Stärken erkannte und mich in meinen Zielen unterstützte.

Bis zum ersten kleinen Rückschlag. Am Ende der zehnten Klasse, des ersten Jahres in der Oberstufe, bekam ich einen Nierenstein und starke, körperliche Beschwerden. Ich fiel schon wieder einige Wochen aus, verlor jedoch mein Ziel nicht aus den Augen.

Nun fing die Qualifikationsphase für das Abitur an und – siehe da – je besser meine Noten wurden, desto mehr Leute interessierten sich plötzlich für mich. Mitschüler fragten mich plötzlich nach meinen Hausaufgaben und wollten während der Klausuren neben mir sitzen, um abzuschreiben. In dieser Zeit wurde ich von der dummen Schwänzerin zur arroganten Streberin. Man muss sich ja immer was Neues einfallen lassen.

Ich verbesserte nach und nach meinen Notendurchschnitt von 1,8 bis hin zu 1,1. Lehrer, die ich in meiner Mittelstufenzeit hatte, zogen mich plötzlich als gutes Beispiel für andere Mitschüler heran.

Die Schulzeit ist für mich ein Albtraum – das dachte ich lange Zeit. Aber das änderte sich. Meine Oberstufenzeit entwickelte sich nämlich zu einem meiner besten Lebensabschnitte. Ich wurde endlich ernst genommen und fand neue Freunde, die an meiner Seite standen. Ich hatte augenscheinlich irgendwie alles, was ich haben wollte. Doch sollte es nicht so gut bleiben.

Wenn ein Mensch erfolgreich ist, zieht er immer Menschen an, die ihm nichts Gutes wollen. Neid und Missgunst sind Dinge, die ich nicht nachvollziehen kann, weil ich so etwas nie empfunden habe. Das eigene Mangelbewusstsein der Menschen, die eigene Unzufriedenheit mit sich selbst, wird schnell auf andere projiziert, um von sich selbst abzulenken. Von seinen eigenen Problemen und seiner eigenen Unsicherheit. Um sich eben selbst besser dastehen zu lassen.

Während meiner Oberstufenzeit ist mein Papa schwer an Krebs erkrankt, meine Eltern trennten sich und ich zerbrach innerlich unter dieser Last. Nach außen konnte ich meine Emotionen nicht zeigen, zu verbissen war ich darin, die Heldin zu spielen. Der psychische Druck zwang mich in die Knie, weshalb mich kurz vor meinen Abschlussprüfungen die Vergangenheit wieder einholte. Knochenhautentzündungen an den Halswirbeln – und schlussendlich ein Nervenzusammenbruch.

Ich bekam Panik, so furchtbare Panik davor, dass es wieder so wird wie früher. Dass ich wieder so viel fehle, dass meine Noten in den Keller sinken und ich den Anschluss in der Schule verliere. Vor allem aber hatte ich Angst davor, dass ich mein Abitur nicht so schaffe, wie ich es mir selbst als Ziel gesetzt hatte. Ich musste es doch schließlich allen beweisen.

Sowohl ich als auch meine Eltern führten Gespräche mit meinen Lehrern und baten um Verständnis und Unterstützung. Ich bat sie um Extraaufgaben, die ich zu Hause erledigen konnte, damit ich meine fehlende mündliche Beteiligung weitestgehend ausgleichen konnte. Sogar im Sportunterricht habe ich die Chance bekommen, mich zu beweisen, indem ich ein Aufwärmprogramm für meine Mitschüler gestaltete. Ich tat alles dafür, mein Ziel zu erreichen, doch wurde auch das von den Mitschülern wieder negativ aufgefasst. Jetzt war ich also nicht nur die arrogante Streberin mit den Bestechereltern, sondern galt als Betrügerin, die sich bei den Lehrern einschleimt, um ihre guten Noten zu erhalten. Doch dieses Mal war ich nicht mehr allein in der Schule. Ich hatte meine Freunde, die hinter mir standen, mich in Schutz nahmen, und meine Lehrer, die mich tatsächlich auf meinem Weg unterstützten.

What doesn't kill you only makes you stronger. Ein Satz, der zu einem belanglosen Standardspruch mutiert zu sein scheint, dessen Bedeutung gar nicht hoch genug gehandelt wird. Denn es stimmt. Niederlagen gibt es nicht, du kannst nur gewinnen, und was dich eben nicht umbringt, macht dich nur stärker.

Und anders sein. Ja, anders sein ist eine Eigenschaft, die dich einzigartig macht. Viele Menschen haben Angst vor dem Anderssein, Angst vor Veränderung und Angst vor dem Alleinsein. Deshalb verbiegen sie sich oft, anstatt sie selbst zu sein.

Übrigens ist die Angst vor Veränderung das Banalste überhaupt. Alles verändert sich, permanent. Veränderung ist nichts Schlechtes, Stillstand gibt es nämlich nicht. Und – oh Mann! Wie langweilig wäre es denn, wenn alle immer gleich wären. Das Leben ist eine einzige Veränderung, weil wir stets durch unsere Erfahrungen reifen und daran wachsen.

Wie du gemerkt hast, ist das Motiv der Menschen meist die Angst, weshalb man ihnen schon eher Mitgefühl schenken sollte. Mitgefühl, nicht Mitleid. Wir wollen ja nicht noch mehr leiden, als wir es durch unsere eigenen komischen Gedanken schon manchmal tun.

Menschen, die andere Menschen erniedrigen, tun dies, um sich selbst dadurch auf eine höhere Stufe stellen zu können. Sie handeln so aus ihrer eigenen Unsicherheit heraus.

Du bist besonders! Mitgefühl und Wohlwollen sind Merkmale, die nicht alle Menschen vorweisen können.

Es ist nun Zeit loszulassen. Loszulassen von der Wut auf andere Menschen, die mir Schlechtes wollten. Zeit, zu verzeihen und das Vergangene dazulassen, wo es hingehört. In der Vergangenheit. Verzeihen heißt nicht, dass man gesagte, geschehene Dinge gutheißen oder gar akzeptieren muss. Verzeihen bedeutet, dass man sich selbst von seinen negativen Gefühlen befreit und auch dem eigentlich Bösen mit Liebe begegnet. So verrückt und abgedreht sich das auch anhören mag, wird es dein Leben doch um einiges erleichtern. Und darum geht es.

In deinem Leben geht es um dich selbst und darum, dass du lernst, dass es um dich selbst geht. Paradox. Ich bin der festen Überzeugung, habe den festen Glauben daran, dass wir auf dieser eigentlich so wunderbaren Welt sind, um genau eines zu sein – glücklich. Es ist viel zu schade, sein Glück durch Wut oder Angst zu betäuben. Viel zu schade, sein Glück von Äußerlichkeiten oder negativen Erfahrungen trüben zu lassen. Deshalb habe ich verziehen. Den anderen Menschen, die mir nicht gut gesonnen waren und sind, aber vor allem auch mir selbst. Dafür, dass ich mich manchmal über mich geärgert habe, weil ich vielleicht hart zu mir selbst war.

Und eines noch: Du bist nicht allein. Du bist in absoluter Sicherheit.

ANGST VOR ABLEHNUNG

Was hindert dich daran, Dinge zu tun, die du schon immer tun wolltest? Zum Beispiel den verrückten gelben Pulli mit den lilafarbenen Punkten anzuziehen, dir die Haare zu färben oder offen deine Meinung zu vertreten, die der großen Masse widerspricht.

In welchen Situationen hast du Dinge nicht getan, weil du Angst hattest, dass andere sie nicht gut finden könnten und dich deshalb ablehnen?

Was, glaubst du, könnte schlimmstenfalls passieren, wenn du abgelehnt wirst?

Andere Menschen sind nur Begleiter auf unserem Weg, die kommen und gehen. Die einzige Konstante in deinem Leben bist du. Sei selbstbewusst und sei vor allem du selbst! Menschen werden immer reden, immer lästern und über andere herziehen – ganz egal, was du tust. Ich habe irgendwann gelernt, das als Kompliment zu betrachten. Schließlich würde niemand über einen langweiligen Menschen reden.

SPRICH MIT DEINER ANGST

Du bist nicht deine Angst. Stell dir deine Angst als eigenständiges Wesen vor! Setze dich ihr in Gedanken auf einem Stuhl gegenüber und beginne ein Gespräch. Frag mal nach, was die Angst gerade wieder von dir will, warum sie da ist. Nimm sie wahr, erkenne sie an und schau auch mit etwas Mitgefühl auf sie. Die Angst ist ein zerbrechliches Wesen, das selbst voller Angst ist.

Wie jedes Wesen auf dieser Welt möchte auch die Angst Liebe und Aufmerksamkeit erfahren. Sie möchte einfach gesehen werden. Du kannst sie liebevoll in den Arm nehmen und tröstende Worte finden, damit sie wieder weiterziehen kann.

Deine Angst ist keine Schwäche, weil sie dich eben nicht ausmacht. Nutze sie als kleinen Hinweis für dich selbst, um auf die Stellen aufmerksam zu werden, denen du an dir selbst mehr positive Beachtung schenken könntest. Wenn du zum Beispiel oft Angst vor der Meinung oder der Ablehnung anderer Menschen hast, dann überprüfe mal, wie sehr du dir eigentlich selbst vertraust. Angst entsteht oft aus einem Mangel heraus, dem Mangel an Liebe, die du dir selbst vielleicht zu wenig schenkst. Manchmal hilft es mir auch, meine Gefühle und Gedanken aufzuschreiben – du kannst deiner Angst auch einen Brief mit den Dingen schreiben, die du ihr schon immer mal sagen wolltest.

„HALLO ANGST, ICH WEIß,
DASS DU DA BIST. ICH SPÜRE DICH. ABER KEINE
ANGST, LIEBE ANGST. ICH BIN JA DA, ICH ACHTE
AUF MICH UND BRAUCHE DICH NICHT.
DANKE, DASS DU DA WARST."

MACHE DICH NICHT VON ANDEREN ABHÄNGIG

„MAN BRAUCHT VOR NIEMAND ANGST ZU HABEN. WENN MAN JEMANDEN FÜRCHTET, DANN KOMMT ES DAHER, DASS MAN DIESEM JEMAND MACHT ÜBER SICH EINRÄUMT.“

HERMANN HESSE

Wem gibst du Macht über dich? Wer darf durch sein Urteil über deinen Wert entscheiden? Denn genau das lässt du geschehen, wenn du dich von dem Urteil anderer abhängig machst und Angst vor Ablehnung hast. Wie schaffst du es, dich von dieser Angst zu befreien? Stärke dir selbst den Rücken, denn solange du ein schlechtes Bild von dir selbst hast, so lange wirst du auch Angst davor haben, dass andere dich nicht leiden können.

SCHREIBE KRAFTVOLLE EIGENSCHAFTEN AUF UND PACKE DIESE IN DEINEN RUCKSACK.

WER BIN ICH?

Menschen reden so oder so. Sich von anderen einschränken zu lassen ist so unglaublich traurig. Dein Leben sollte nicht und niemals fremdbestimmt sein – es ist doch dein eigenes. In dem du entscheiden kannst, wer du bist, wie du aussehen magst, dich kleiden magst und was du denken magst.
Durch die Meinungen, das Gerede anderer Menschen vergessen wir viel zu häufig, wer wir eigentlich sind, wo unsere Stärken liegen. Bist du besonders feinfühlig, liebst du es, zu basteln oder Musik zu machen? Kennst du dich besonders gut mit Serien aus, hast ganz sensible Geschmacksnerven und probierst dich gerne in der Küche aus? Bist du eher eine Prinzessin, eher eine Rockerin – oder beides? Und warum nicht von allem etwas – oder eben nur eins?

WER BIST DU?

DU
BESTIMMST
über DEINE
Gedanken

Liebes Tagebuch,

das Leben bietet einem viele Situationen, an denen man verzweifeln oder wachsen kann. Manchmal schafft man es, gleich weiterzugehen – manchmal muss man kurz stehen bleiben und manchmal, manchmal muss man einen Weg zweimal gehen, um sich selbst ein wenig näherzukommen.

Ich bin ein sehr positiver Mensch, ich liebe mein Leben. Doch das war nicht immer so.

Ich habe eine sehr lange Zeit einfach nur funktioniert, bin ständig vor mir selbst weggelaufen und habe mich davor geflüchtet, mich mit Dingen auseinanderzusetzen, die in meinem Leben passiert sind. Oh Mann, man sollte um Himmels willen nicht alles „kaputtdenken“. Sich jedoch keine Zeit zu nehmen, um Erlebtes sacken zu lassen, ist auch der falsche Weg. Aber fangen wir von vorne an.

Ich glaube, du musst mir recht geben, wenn ich sage, dass jeder Mensch nach Liebe strebt. Jeder Mensch will geliebt werden und ich glaube, dass ziemlich viele Menschen Angst davor haben, mal nicht geliebt zu werden oder gar Dinge zu verlieren, die sie selbst lieben. Ganz gleich, was für eine Art Liebe es ist. Sei es die Liebe zu der Familie, die Liebe, die man für den Partner oder die Freunde empfindet, die Liebe, die man seinen Tieren schenkt, die Liebe zu seinen Hobbys oder eben auch die Liebe zu sich selbst.

Angst davor zu haben, verletzlich zu sein, kann einen zu einem anderen Menschen machen, weil dich die Angst daran hindert, auf dein Herz zu vertrauen. Und genau das wurde mir zum Verhängnis.

Generell bin ich ein Mensch, der sehr viel Halt und Sicherheit in Beziehungen sucht. Na, erkennst du dich vielleicht wieder?

Damit meine ich nicht nur die Beziehung zu einem Lebenspartner, sondern auch die Beziehung zu der Familie. Es war mir immer sehr wichtig, dass alles harmonisch ist, dass sich alle lieb haben. Und als das begonnen hat zu bröckeln, habe ich angefangen, mich tierisch von mir selbst zu entfernen und mich zu verlaufen.

Alles passierte innerhalb von einer Woche. Die Firma meines Vaters ging pleite, meine Mutter verlor von heute auf morgen ihren Job. Doch angefangen, mich zu verlaufen, habe ich noch in derselben Woche, als mein Vater mir eines Tages etwas zeigte, das nichts mehr so sein ließ, wie es mal war, und das Leben unserer Familie von jetzt auf gleich auf den Kopf stellte. Es war ein circa tischtennisballgroßer Knubbel an seinem Hals.

Ich weiß es noch, als wäre es gestern gewesen. Ich kam von der Schule nach Hause. Meine Mama war zu der Zeit in Wien, weil sie dort arbeitete. Mein Papa wartete schon mit dem Essen zu Hause auf mich, jedoch merkte ich, dass etwas an ihm anders war. Er zeigte mir also den Knubbel, der scheinbar über Nacht an seinem Hals gewachsen war, und fragte mich, ob ich eine Ahnung hätte, was das sein könnte.

Ein Tumor? Quatsch, nein, so was passiert uns nicht. So was gibt es doch nur in Filmen, oder? Krebs war etwas, was so weit entfernt und irgendwie unvorstellbar war. So unvorstellbar, dass einen die Vorstellung daran zum Verzweifeln brachte.

Ein ganz seltsames Gefühl suchte mich heim, doch wollte ich nicht gleich den Teufel an die Wand malen und vor allem aber wollte ich meinen Vater nicht unnötig in Panik versetzen.

Nachdem er bereits bei drei verschiedenen Ärzten mit unterschiedlichen Fachgebieten gewesen war, wurde er in das Uniklinikum geschickt. Dort diagnostizierten sie wenige Tage nach einer kleinen Gewebeentnahme, was wir alle nicht wahrhaben wollten.

Mein damaliger Freund, welcher mit mir in einer Wohnung in dem Haus meiner Eltern lebte, und ich saßen in der Küche meiner Eltern und warteten, dass meine Mutter mit einem Ergebnis aus dem Krankenhaus nach Hause kam. Ich rief sie bereits an, als sie noch unterwegs war, und ihre Antwort, dass sie mir alles in Ruhe zu Hause erzählen möchte, bestätigte meinen schlimmsten Verdacht.

Wir saßen nun zu dritt an dem Küchentisch. Es fühlte sich so fremd an, weil die Person, um die es eigentlich ging, nicht anwesend war. Es fühlte sich leer an, als sei schon ein Teil von ihm nicht mehr da.

Es war Krebs in einem sehr fortgeschrittenen Stadium. So fortgeschritten, dass der einzige Ausweg eine zwölf Stunden dauernde Operation mit drei verschiedenen Operationsteams war.

Ich besuchte meinen Vater jeden Tag. Da ich zu dem Zeitpunkt erst 17 Jahre alt war, durfte ich noch nicht alleine Auto fahren und bin deshalb den Weg zur Uniklinik mit dem Fahrrad gefahren. Vorbei an einer unheimlich schönen Landschaft, Seen und Wäldern, hin zu einem Ort, der für uns alle ein Albtraum war, an dem ich merkte, wie mein Vater Tag für Tag zu einem anderen Menschen wurde. Zu einem Menschen, der von seiner Todesangst geplagt wurde.

Die Operation lief gut, der Tumor konnte entfernt werden. Die Komplikationen gab es erst danach, weshalb ich ihn plötzlich nicht mehr auf der normalen Station, sondern auf der Intensivstation wiederfand. Der Mensch, der dort lag, war nicht mehr mein Vater, mein Papi.

Drei Tage verstrichen, bis er auf eine Observationsstation überwiesen werden konnte – weg von all den schrecklich lauten Geräten. Doch bis er nach Hause durfte, dauerte es zwei weitere Operationen und drei weitere Wochen im Krankenhaus.

Meine Mama pflegte meinen Papa zu Hause, dazu hatten wir ein kleines Krankenzimmer in dem Ankleideraum meiner Eltern errichtet. Mein Vater musste künstlich ernährt werden. Über einen zentralen Venenkatheter, einen dünnen Plastikschlauch, der unter örtlicher Betäubung in das Venensystem unter das rechte Schlüsselbein eingeführt wurde. Dieser konnte dann von außen direkt an die Flüssignahrung angeschlossen werden.

Wir versuchten, all das mit Humor zu nehmen, scherzten am Esstisch darüber, dass Papa mit seinem Beutelchen, in dem sein Tropf war, mit uns gleichzeitig zu Abend essen konnte. Wir wollten dem Krebs trotzen, ihm zeigen, dass wir alle zusammen viel stärker waren.

Doch wurde alles noch schlimmer, als die Strahlentherapie kurz danach anfing.

Meinen Papa so leiden und meine Mama so verzweifeln zu sehen hätte mich fast kaputtgemacht. Es hat mich schließlich auch kaputtgemacht, jedoch habe ich das erst viel zu spät gemerkt.

Ich fing an zu funktionieren, hörte auf zu leben. Ich steckte schließlich mitten in der Qualifikationsphase für mein Abitur, was für mein geplantes Studium so unglaublich wichtig war. Ich stürzte mich also darauf, lenkte mich ab und ließ keinerlei Trauer, Schmerz oder Verzweiflung zu. Ich bin stark – und das soll gefälligst auch jeder sehen. All das um mich herum, das konnte ich nicht realisieren, konnte es nicht verstehen und habe es extrem abgelehnt. Es war für mich schlichtweg nicht existent.

Mein Vater wurde wieder gesund, jedoch tötete die Strahlentherapie nicht nur die restlichen kranken Zellen in ihm, sondern auch irgendwie alles andere.

Mein Körper war es, der mir nach eineinhalb Jahren Funktionsmodus auf der Zielgeraden deutlich zeigte, dass es so nicht weitergehen konnte – ganz abgesehen davon, dass ich die Zeichen davor im größten Maße ignorierte. Ich merkte also schon länger, dass ich nicht mehr konnte, dass ich ständig müde war, antriebslos war, mich nicht mehr konzentrieren konnte. Ich war völlig aufgequollen und bekam überall an meinem Körper trockene Flechten.

Ich wurde ständig krank, fing mir einen Infekt nach dem nächsten ein. Ich begann, unter Schmerzen zu leiden, so höllische Kopfschmerzen, dass ich starke Schmerzmittel bekam. Diese machten mich so müde, dass es mir in meinen letzten sechs Schulwochen häufig nicht möglich war, die Schule zu besuchen. Weshalb ich mich nur noch mehr unter Druck setzte, um meinen hohen Anspruch an mich selbst zu erreichen, nämlich mein Abiturzeugnis mit Bestnoten zu bestehen.

Zwei Monate vor meinem Abitur trennten sich meine Eltern erneut, mein Vater war inzwischen genesen und genau während meiner Abiturphase beschloss er dann auszuwandern. Ohne dass ich etwas davon wusste. Mein Papa erzählte mir, dass er für drei Wochen geschäftlich nach Zypern müsste. Dass es bloß ein One-Way-Ticket war, habe ich von meiner Mutter erfahren.

Heute weiß ich, dass er das nicht plante, sondern dass er das für sich aus der Not heraus beschlossen hatte – jedoch wusste ich das damals nicht.

Ich hatte Angst, ich würde all das nicht schaffen, hatte Angst zu versagen, weil ich so am Ende war. Und dann fühlte ich mich noch im Stich gelassen und war so unglaublich wütend auf meinen Vater. Ich konnte all das nicht verstehen, wollte aber auch hier keine Schwäche zeigen.

Ich funktionierte weiter, lernte den ganzen Sommer für Aufnahmetests an den Universitäten. Sogar in dem so lang ersehnten Urlaub mit meiner Mutter auf einem Kreuzfahrtschiff lernte ich durchgehend. Ich habe mir keine einzige Pause gegönnt.

Dann zog ich nach Berlin und begann dort ein Vorstudium zur weiteren intensiven Vorbereitung auf das Studium und die Prüfungen. Ich war zwei Monate am Stück ohne Wochenendbesuch in Berlin. Und als ich dann nach Hause kam, merkte ich, dass ich nicht mehr konnte. Ich war wie blockiert und hatte eine innere Ablehnung gegenüber allem, was um mich herum war. Zu diesem Zeitpunkt war ich gerade 19 Jahre alt geworden.

Willkommen an deinem ganz persönlichen Tiefpunkt. Willkommen in der Depression.

Ich brach alle Zelte ab und zog wieder zu Hause bei meiner Mutter ein, die sich zwei Wochen lang freinahm, um sich um mich zu kümmern und mit mir alte Erlebnisse zu verarbeiten. Die ganze Wut, der ganze Frust kam hoch. Ich stand völlig neben mir, wusste gar nicht, was ich mit mir anfangen sollte. Ich schottete mich von meinen Freunden ab und fing an, alles Mögliche in mich hineinzustopfen, um die innere Leere in mir zu füllen.

Es war nun nicht mehr einfach ein weiterer schlechter Tag, an dem ich meine Maske nach außen hin aufsetzen musste, um mein Innerstes nicht zeigen zu müssen. Ich konnte nicht mehr funktionieren. Mein Akku war leer.

Die Freude war weg. Freude an kleinen Dingen, Freude an großen Dingen. Was machst du, wenn du keine Leidenschaft mehr empfindest? Und auch wenn ich wusste, dass diese Zeit irgendwann ein

Ende haben wird, fand ich den Ausweg nicht. Ein schier endloser Kreislauf, in dem man sich sein Loch tiefer und tiefer gräbt, sich dann darüber ärgert, dass man nicht herauskommt und noch mehr zurückfällt. Du bemerkst es, willst es ändern, doch du kannst nicht.

Konnte ich es nicht – oder wollte ich es nicht? Wollte ich vielleicht einfach nicht aus meiner Komfortzone raus? Dort, wo ich keine Verpflichtungen habe, keine Verantwortung trage. Dort, wo ich mich vor niemandem rechtfertigen muss, mich einfach verkriechen kann.

Ganz gleich, was es war, ich wusste, ich musste es ändern. Ich war nicht mehr ich selbst und fragte mich oft genug, wo mein Selbst denn eigentlich hin ist. Wer bin ich und was mache ich hier eigentlich? Wieso sind wir auf der Welt, was ist unsere Aufgabe hier und ist das hier nicht sowieso alles ein Spiel? Ein Spiel, bei dem der Gewinner zu sich selbst gefunden hat und der Verlierer den Weg noch mal gehen muss.

Ich habe immer geglaubt, ich kann es nicht ändern, ich kann das alles nicht. Ich habe es mir eingeredet.

Der Wendepunkt kam bei mir nach einigen Monaten. An dem Tag, als meine Mutter zu mir sagte, dass das so nicht weitergehen kann. Sie hat mich eigentlich immer darin bestärkt, dass ich mir eine Auszeit nehmen und meine Emotionen rauslassen soll. Doch war diese Phase schon längst vorbei, ich befand mich nun einfach nur noch in einem Loch.

Nun warf sie mir an den Kopf, wie unausstehlich ich bin und dass sie nicht mehr mit ansehen mochte, wie ich mich zu Hause zurückziehe. Sie war es, die mir sagte, dass ich endlich meine Gedanken ändern soll. Und obwohl ich wusste, dass man durchaus mit den Gedanken vieles steuern kann, konnte ich es bei mir selbst nicht anwenden. Nein. Ich wollte nicht aus meinem Schutzbunker herauskommen.

Ich habe in meiner Vergangenheit gelebt, mich selbst bemitleidet und mich vor mir selbst dafür gerechtfertigt, weshalb ich diesen Tag nun wieder als schlechten Tag erlebte. Weshalb ich diesen Tag wieder in meinem Bett verbrachte und nicht mal die Motivation fand, mit dem Hund rauszugehen. Ich rechtfertigte mich für mein Verhalten – dafür, dass ich diese Phase jetzt so ausleben musste. Obwohl auch das inzwischen ein Davonlaufen war.

Und dann sah ich es. Das Leben mit all seinen kunterbunten Farben. Ich wollte nichts mehr verpassen, ich wollte endlich wieder leben, neu anfangen und raus aus der Vergangenheit. Ich wollte ins Jetzt. Und – ob du es mir nun glaubst oder nicht – das ging tatsächlich von heute auf morgen.

Ich musste an diesen einen Punkt kommen. An den Punkt, an dem ich merkte, wie bescheuert ich doch eigentlich war. Die Welt, in der ich gelebt hatte, in der ich gelitten hatte, habe ich mir selbst inszeniert. Ich habe sie mir schlechtgeredet, ich habe mich kleingehalten und all die erlebten Dinge in meine Gegenwart geholt. Oder habe ich die Gegenwart in die Vergangenheit geholt?

Liebes Tagebuch, ist dir schon mal aufgefallen, dass du über dein Leben bestimmst? Ich glaube fest daran, dass wir alle auf der Welt sind, um ganz individuell unsere Erfahrungen zu machen. Gute wie auch schlechte.

Negative Erfahrungen gehören dazu und ich halte es für kaum vermeidbar, dass auch mal ein Schicksalsschlag dein Leben auf den Kopf stellen kann. Dass man vor neuen Herausforderungen steht. Aber das ist auch gut so.

Wir haben alle furchtbare Angst vor dem Verlust. Aber was haben wir denn zu verlieren?

Mir ist einmal mehr klar geworden, dass ich selbst meine engste Vertraute bin. Ich selbst meine beste Freundin sein sollte, nicht mein größter Feind. Und um Himmels willen: Wie weit ist es gekommen, wenn ich mich vor mir selbst rechtfertigen muss?

Wenn etwas Schlimmes, etwas ganz Furchtbares passiert, dann kann es dich erst mal umhauen. Es kann dich in den Zweifel treiben, dich dazu bringen, alles Erdenkliche zu hinterfragen. Aber du kannst wieder aufstehen.

Wir müssen Situationen nicht verstehen, aber wir können sie annehmen. Was passiert ist, ist passiert – und du hast die Chance, deine Geschichte mit dem vorhandenen Material so schön zu schreiben, wie du es eben möchtest.

Ich habe gemerkt, dass man sich unglaublich schlechte Dinge einreden kann. Man redet sich ein, man sei nichts wert, man sei schlechter als andere Menschen. Es bestimmt dein Leben, du bestimmst dein Leben. Tatsächlich ist alles eine Frage der Perspektive. Stehst du vor dem Berg, erscheint er dir riesengroß, verschaffst du dir etwas Luft und schaust du von oben auf die Dinge herab, wird der Berg plötzlich winzig klein.

Genau so, wie man sich schlechte Dinge einreden kann, so kann man sich auch gute Dinge einreden. Du kannst dir selbst wahnsinnig tolle Geschichten erzählen und ich verspreche dir, dass du sie mit der Zeit anfangen wirst zu glauben. Du kannst dir erzählen, wie wunderbar du bist, du kannst dir aber auch erzählen, wie fürchterlich du bist. Ganz gleich – beides wirst du nach einer Weile des Einredens anfangen zu glauben.

Die Angst davor, zu verlieren – ganz gleich, was du meinst, verlieren zu können – hindert dich, die Welt in ihrer vollen Pracht zu erleben. Du hinderst dich selbst daran. Niemand kann dir etwas wegnehmen, du kannst dich nur selbst berauben.

Angst davor zu haben, ob du nach außen hin stark oder schwach wirkst, auch das ist völliger Blödsinn. Generell ist es völliger Blödsinn, sich von dem abhängig zu machen, was andere denken.

Wir schwächeln nicht, indem wir Stärke zeigen. Und Stärke zeigen heißt nicht, seine Schwächen zu verstecken. Es heißt vielmehr, dass man die Stärke besitzt zu zeigen, wer man wirklich ist.

Du bist das Wertvollste auf der Welt. Wie wäre es, wenn du dich heute mal selbst umarmst?

SEI DIR SELBST DEINE BESTE FREUNDIN!

Du bist die einzige Person, die dich seit deiner Geburt kennt und dich bis in den Tod begleiten wird. Mit keinem Menschen redest du so viel und intensiv wie mit dir selbst. Da ist es eigentlich schon absurd, wenn wir uns ständig mit uns selbst verfeinden. Wir sollten in der Lage sein, uns selbst in den Arm zu nehmen, uns in schwierigen Zeiten Trost zu schenken und uns selbst lieb zu haben. Unterhalte dich mit dir selbst wie mit einer guten Freundin, einer inneren, guten Fee.

WIE KÖNNTE DEINE GUTE, INNERE FEE HEISSEN?

Egal, in welcher Situation du jetzt bist, du schaffst das!

____

Die gute Fee lässt dich nicht im Regen stehen. Wie eine beste Freundin würde sie nicht negativ mit dir sprechen, dich nicht im Regen stehen lassen, sie wäre liebevoll zu dir und würde dir positive Dinge sagen:

Es ist gut so, dass du diese Emotionen jetzt spürst. Lass ihnen freien Lauf, weine, schreie, wenn dir danach ist, lass es raus!

Du hast nichts zu verlieren und kannst aus dieser Erfahrung nur gewinnen.

Es darf dir wieder gut gehen!

DEINE LEBENSLINIE

Unser Leben ist ein einziges Auf und Ab. Wir wachsen an unseren Erfahrungen und lernen jeden Tag dazu. Doch manchmal, manchmal denken wir, dass es keinen Ausweg mehr gibt. Wir bleiben stehen und wissen nicht mehr, wie wir weitergehen sollen.
Bist du gerade vielleicht in so einer Situation? Dann habe ich eine Idee: Erinnere dich an all deine wichtigsten Ereignisse in deinem Leben zurück.

1. Klebe zwei Blätter Papier zusammen und zeichne darauf eine Zeitachse, auf die du unten alle wichtigen (positiven und negativen) Ereignisse deines Lebens von der Geburt bis heute einträgst.

2. Mache nun einen kleinen Strich über jedem Ereignis, das anzeigt, wie positiv bzw. negativ du dich gefühlt hast.

3. Zeichne nun eine Linie ein, indem du die kleinen Striche miteinander verbindest.

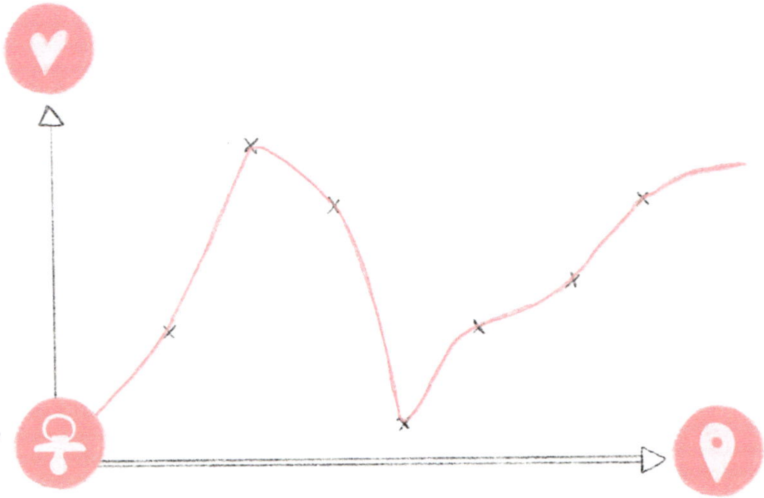

Wie hast du dich gefühlt, als du deine Lebenslinie verbunden hast? Vielleicht sind dir wieder Ereignisse eingefallen, die du eher verdrängt hast? Wenn du dir dein Leben mal so vor Augen hältst, dann bemerkst du vielleicht, wie stark du eigentlich bist. In schwierigen Momenten vergessen wir das leider sehr schnell. Du hast schon so viele Herausforderungen gemeistert, bei denen du vorher vielleicht auch keinen Ausweg gesehen hast. Viele Dinge, über die man sich sonst Gedanken macht, werden plötzlich unbedeutend, wenn man sich daran erinnert, worum es im Leben wirklich geht.
Und vergiss nicht: Du bist nicht deine Vergangenheit, du bist dein Jetzt! Du kannst jeden Tag neu bestimmen, was du verändern, wer du bist und wer du sein willst, denn: Jeder Tag ist ein Neuanfang.

ICH BIN GUT!

Sieh dich endlich, du bist gut! Liste hier auf, wofür du dankbar bist, welche Erfolge du schon erzielt hast, was du wertschätzt – an dir und um dich herum – und was du sehr gut kannst. Und wenn deine Liste anfangs noch sehr leer ist, ist auch das völlig okay. Fang mit den kleinen Dingen an! Je länger du dich mit deiner Liste befasst, desto mehr wirst du finden, was du an dir magst, glaube mir. Vielleicht fällt dir während eines langen Spaziergangs ein, wie dankbar du für deine zauberhaften Beine bist?

Also: Was schätzt du an dir selbst? Beobachte dich selbst und schreib es auf!

Du bist gut, du bist wundervoll! Letztendlich bewertest du selbst deine aktuelle Situation. Je negativer du sie beurteilst, desto größer wird auch deine Verzweiflung sein. Die Perspektive zu wechseln, hilft, dich mit anderen Augen zu betrachten. Viel zu schnell vergessen wir, wer wir eigentlich sind. Eine liebevolle, wunderbare Person. Wir verlieren uns in unseren Gedanken und malen uns ein falsches Bild von uns selbst. Ein Bild, welches wir uns vermeintlich selbst gemacht haben, das vielleicht aber von äußeren Stimmen und ständigem Vergleichen beeinflusst ist. Nimm dich wahr, wie du wirklich bist, in all deiner Schönheit!

SPÜR DICH SELBST!

Man nimmt sich selbst nicht wahr, weil wir ständig in einer völlig abgedrehten Welt sind, weit weg von uns selbst. Als ich letztens im Bett lag und meinen Arm berührt hab, habe ich gemerkt: Ach, krass, der ist ja wirklich da. Es gibt ihn wirklich. Betrachte dich liebevoll und sei achtsam dir selbst gegenüber. Hierfür möchte ich dir eine Übung ans Herz legen.

ACHTSAMKEITSÜBUNG

Suche dir einen Ort, an dem du dich richtig wohl- und vor allem sicher fühlst. Ich denke dabei zum Beispiel gerne an mein heiliges Bett. Falls du nicht ganz alleine wohnst, sage deinen Mitbewohnern, deinen Eltern, Geschwistern oder deinem Partner vorher Bescheid, dass du nun ganz für dich alleine und ungestört sein magst.
Mache es dir bequem und schließe die Augen. Konzentriere dich nur auf dich, deinen Atem. Wahrscheinlich kreisen jetzt unendlich viele Gedanken durch deinen Kopf, die dich davon abhalten wollen, dich nur auf eine einzige Sache zu konzentrieren. Fühle dich nun in deine einzelnen Körperteile rein, vielleicht spürst du sie sogar kribbeln. Wenn du nichts spürst, ist es aber auch nicht schlimm. Auch hierbei schweifst du sicher gerne wieder in andere Gedanken ab – jedenfalls geht es mir manchmal so. Wenn das passiert, dann kannst du dich ganz gut sammeln, indem du einfach deinen Atem beobachtest.

Es ist so, so wichtig, dass wir merken, wie hart wir zu uns selbst sind. Du bist oft selbst dein größter Kritiker, vielleicht sogar dein größter Feind. Wenn du dich selbst berührst, dich selbst mal streichelst und dich selbst wahrnimmst, statt dich mit negativen Gedanken zu bestrafen, wirst du merken, wie böse du manchmal selbst zu dir bist.

DEIN EIGENES TAGEBUCH

Wenn du gerade in einer Krise steckst, vertraue diesem Tagebuch deine Sorgen und Ängste an. Was beschäftigt dich momentan?

Liebes Tagebuch,

Manchmal fühlt sich unser Herz unendlich schwer an. Wir denken, wir brechen vielleicht unter der Last zusammen, können nicht mehr weitergehen. Oft haben wir in schwierigen Situationen das Gefühl, ganz alleine zu sein. Aber das bist du nicht!
Mir persönlich hilft es immer sehr, wenn ich meine Gedanken und Gefühle aufschreibe. Wichtig ist dabei nur, dass ich dann auch gnadenlos ehrlich zu mir selbst bin. Wir sind ja Meister darin, zu verdrängen und uns selbst zu belügen. Nein, dieses Mal nicht. Denn glaube mir: Wenn du einmal alles aufgeschrieben hast, deine schwersten Gedanken, dann wirst du dich schon viel, viel leichter fühlen.
Ich habe jedoch eine Bitte an dich: Wenn deine Krise sehr lange anhält und du das Gefühl hast, dass du aus dem Loch nicht mehr alleine rauskommst, hol dir bitte auf jeden Fall Hilfe. Scheu dich nicht, zur Psychotherapie oder in eine Selbsthilfegruppe zu gehen. Im Internet findest du auch Hilfsangebote wie beispielsweise kostenlose Telefonnummern, wie die der Telefonseelsorge. Es braucht dir gar nicht unangenehm zu sein: Es zeugt nämlich von unglaublicher Stärke, eine Schwäche einzugestehen. Auch ich war schon in sehr jungen Jahren in psychologischer Behandlung und es hat mir gutgetan, mit einer Person zu reden, der ich einmal alles von vorn erzählen kann, die unvoreingenommen und objektiv ist. Bitte pass auf dich auf!

ICH BIN STOLZ AUF MICH!

Kennst du vielleicht diese Phase, in der selbst der Gang ins Badezimmer unendlich anstrengend ist? Eine depressive Phase, in der du gerade eher nur schwarz-weiß sehen kannst? Oft verrennen wir uns in solchen Phasen noch viel mehr: Es geht uns noch schlechter, weil wir uns nutzlos fühlen. Umso wichtiger ist es, sich kleine Tagesziele zu setzen und sich eben genau an den kleinen Dingen zu erfreuen. Du darfst stolz sein, auf dich – mit allem, was du bist.

KREUZE AN, WAS DU HEUTE GESCHAFFT HAST!

- ☐ Ich bin aufgestanden.
- ☐ Ich habe mich bewegt.
- ☐ Ich habe zu mir selbst etwas Nettes gesagt.
- ☐ Ich habe die Natur genossen.
- ☐ Ich hab es mir heute schön gemacht (beispielsweise eine Kerze angezündet).
- ☐ Ich habe etwas Gutes gelesen.
- ☐ Ich bin zu einem Entschluss gekommen oder habe eine neue Erkenntnis gewonnen.
- ☐ Ich habe meditiert.
- ☐ Ich habe mir im Spiegel selbst in die Augen geschaut und mich wahrgenommen.
- ☐ Ich bin heute dankbar gewesen für _____
- ☐ ________________________________
- ☐ ________________________________
- ☐ ________________________________
- ☐ ________________________________

In eine depressive Phase geraten wir häufig nach einer großen Stressphase, vielleicht sogar ausgelöst durch einen Schicksalsschlag. Wir fühlen uns so ohnmächtig, weil wir das Gefühl haben, nichts dagegen tun zu können. Aber nach dem Warum zu fragen, das ist, glaube ich, der falsche Weg. Es ist ganz egal, warum, man muss nicht verstehen, wieso die Dinge ihren Lauf so nehmen, wie sie es eben tun. Die Antwort muss es nicht im Hier und Jetzt geben.

Schicksalsschläge oder augenscheinliche Niederlagen werfen uns zunächst völlig aus der Bahn. Aber vergiss nicht: Du hast die Chance zu entscheiden, wie du die Situation bewerten willst. Und am besten bewerten wir sie gar nicht, sondern nehmen sie an. Und nein, annehmen heißt nicht, dass wir etwas gutheißen müssen!

Schwierige Phasen im Leben – ja, irgendwie sind diese ganz normal. Depressive Phasen sind kein Zeichen von Schwäche und eine depressive Phase muss schon gar nicht eine Depression sein. Ich kenne es von mir selbst, dass man sich in eine Depression verrennt, weil man es dort ganz bequem findet. Ablehnung gegen alles, vor allem gegen sich selbst. Eine riesige Portion Trotz, die aus uns spricht und uns die Beine wegschlägt.

Und wenn du gerade denkst, dass deine Situation noch mal viel schwieriger ist als die von allen anderen, dann ist auch das völlig in Ordnung. Lebe deine Emotionen und Gefühle aus, beobachte dich jedoch dabei. Das Leben ist nämlich viel einfacher, wenn wir aufhören, es uns selbst schwer zu machen. Wir bestimmen selbst unsere Gedanken und Gefühle. Wir haben jeden Tag die Chance, uns neu zu entscheiden, anders zu denken und in eine andere Richtung zu gehen, und wir haben jeden Tag die Chance, zu lernen und zu leben.

Wenn etwas Schreckliches passiert, dein Umfeld erschüttert ist und du selbst auch – dann darfst du trotzdem glücklich sein!

Habe keine Angst davor weiterzugehen, verletzlich zu sein. Du kannst nichts verlieren, das Wertvollste auf der Welt wird immer bei dir sein: du selbst.

Umarme
DICH
selbst

Liebes Tagebuch,

kennst du das Gefühl, dass du nicht am Spiegel vorbeigehen willst, weil du dich nicht anschauen magst? Dich lieber bekleidet als unbekleidet anschaust und dich selbst nicht berühren magst? Es ist doch immer wieder erschreckend, wie viele Menschen – sowohl junge als auch alte Menschen – sich selbst als abstoßend empfinden. Und auch ich war eine Zeit lang einer von ihnen.

Wann haben wir aufgehört, uns selbst zu lieben? Uns selbst, unser Selbst, mit dem wir noch ein ganzes Leben verbringen werden? Lieben, Freunde, Bekanntschaften kommen und gehen – doch das, was bleibt, bist du.

Ständig kommt die Peitsche raus, mit der wir uns selbst verletzen, unsere Seele verletzen: Wir hören auf, uns selbst zu sehen.

Wie oft kommt es vor, dass du dich für dich selbst rechtfertigst? Vielleicht für dein Aussehen – oder gar für deine Gefühle. Wie oft kommt es vor, dass du nicht so gerne vor die Tür gehen magst, da du dich heute so unattraktiv findest, weil du gestern ein Stück Pizza zu viel gegessen hast? Und wie oft kommt es vor, dass du dich selbst mit Liebesentzug bestrafst? Liebe, die du dir eigentlich selbst schenken solltest, sie aber nicht als verdient empfindest, weil du denkst, du seist nicht gut genug. Du seist schlechter als die anderen, die ihr Leben viel besser meistern als du und dabei auch noch viel besser aussehen als du. Hast du dich schon mal wertlos gefühlt?

Ich war lange Zeit eigentlich eine Person, die sich keine Gedanken um ihre Figur machte. Wohl eher ein Kind, das darauf nicht achtete. Aber sobald ich in das Teeniealter kam, änderte sich dies schlagartig.

Ich habe bis dahin immer gegessen, was ich wollte, und hatte nie großartig Probleme mit meinem Gewicht. Vielleicht ja auch, weil ich mir darüber nie Gedanken machte.

Ich wurde älter, kam in ein Alter, in dem der ewige Vergleich mit den anderen Mädchen losging. Jungs wurden plötzlich interessant,

Mädels fingen an, sich gegeneinander auszuspielen. Jede wollte die Schönste sein, jede wollte bewundert werden.

Ich erinnere mich noch sehr gut an die Listen, die im Unterricht rumgingen. Aufgelistet wurden der Reihe nach die schönsten Mädchen und die schönsten Jungs. Später waren es dann Listen, in denen es um den besten Po und die größten Brüste ging. Was für ein Blödsinn!

Je mehr ich anfing, mir über mein Aussehen Gedanken zu machen, und je mehr ich von meinen Freundinnen mitbekam, worauf sie bereits mit 14 Jahren achteten, desto mehr nahm ich zu. Und auch wenn es nicht viel war, was ich zugenommen habe, so sollte es auch wieder runter. Ich wollte von nun an auf meine Ernährung achten, holte mir dann im Alter von 15 Jahren Tipps, wie ich mich gesund und ausgewogen ernähren konnte. Mit 16 fing ich dann an, Sport zu machen.

Die ersten Pfunde purzelten, ich erreichte mein Zielgewicht. Anstatt zufrieden damit zu sein, habe ich mein Ziel immer weiter verschoben. Es musste noch weniger sein, andere sind schließlich dünner als du. Die kleinste Kleidergröße musste es sein: Es war mir unangenehm, wenn ich dort nicht hineinpasste.

Wenn ich das heute so reflektiere, dann würde ich am liebsten die Hände über dem Kopf zusammenschlagen. Wie kommt es dazu, dass man solch krankhafte Gedanken mit sich herumträgt? Das Schlimmste aber war, dass ich nicht die Einzige war, die so dachte, sondern eine von vielen.

Meine Ernährung habe ich immer strenger kontrolliert, mein Sport wurde immer extremer. Morgens gab es für mich kein Nutella mehr, sondern nur noch eine Scheibe Brot mit Gurken und Salz und ein Ei. Abends musste das Essen ganz wegbleiben – und Gott bewahre, wenn ich abends mal etwas aß. Ich fühlte mich am nächsten Tag so aufgebläht, dass man mir förmlich ansah, wie unwohl ich mich fühlte.

Mein Sportpensum steigerte sich von drei Tagen in der Woche auf kurzzeitig sechs Tage die Woche. Sechs Tage, in denen ich mich immer wieder an mein Limit brachte. Und nichts konnte mich davon abhalten, zum Sport zu gehen.

Selbst wenn ich eigentlich total krank war, mit Fieber im Bett lag, bedeutete es für mich eine Überwindung, nicht ins Fitnessstudio zu gehen.

Ganz gleich, ob es aus meiner Trotzhaltung im Sinne von „Ich zeig es allen" resultierte oder ob es eine Flucht vor meinem Alltag war. Für meinen Körper war es eine Bestrafung.

Ich war mir selbst nie genug, vor allem war ich mir selbst aber nie gut genug.

Als dann die ersten Stimmen zu hören waren, ich sei früher echt total moppelig gewesen und sehe heute wahnsinnig toll aus, und als die Ersten mich fragten, wie ich das nur geschafft hätte – genau dann kam meine Angst auf, dass ich wieder zunehmen könnte. Ich sah schließlich nicht so aus, als hätte ich ein gestörtes Essverhalten, als hätte ich so mit mir zu kämpfen. Ich war zwar dünn, aber nicht so dünn, wie man es sich vielleicht vorstellt, wenn ich all das erzähle.

Alles, aber nicht so aussehen wie früher – obwohl ich mich selbst niemals als moppelig oder zu dick empfunden habe. Ich fand mich nie zu dick, ich hatte bloß Angst davor zuzunehmen. Angst davor, etwas nicht kontrollieren zu können.

Anfangs war es nicht schwer für mich, auf mein Abendessen zu verzichten oder keine Pizza mitzubestellen, wenn meine Freundinnen es taten. Lieber aß ich vorher etwas Gesundes zu Hause. Bis es irgendwann zu einem krampfhaften Verzicht wurde.

Mein Körper zeigte mir – vor allem in Stresssituationen –, dass ihm das, was ich ihm gab, nicht ausreichte. Es fehlte ihm an Energie, die er sich scheinbar durch Heißhungerattacken versuchte wiederzuholen. Zu denen es dann auch kam. Mein ganzer Tag drehte sich um das Thema Essen. Was wird die nächste Mahlzeit, wie viele Stunden liegen zwischen meinen Mahlzeiten und was esse ich tagsüber, wenn ich abends irgendwo zum Essen eingeladen bin? Gar nichts?

Inzwischen waren fast drei Jahre vergangen, in denen ich verzichtete, mich ans Äußerste brachte. Dann kam der Heißhunger.

In meiner Zeit in Berlin, die ich dort wegen meiner Univorbereitung verbrachte, lebte ich alleine. Ich kaufte auch für mich alleine ein und gönnte mir somit gar nichts. Keine Schokolade, nicht mal ein Brötchen zum Frühstück, und das, obwohl ich mich in der stressigen Zeit so sehr darüber gefreut hätte.

Es fing an mit Marzipan. Marzipanrohmasse, welche ich für ein Backvideo für meinen YouTube-Kanal kaufte. Ich aß zwei Stangen, insgesamt 800 Gramm Marzipan, an einem Tag ganz alleine auf. Nicht nur das. Auch die Schokolade, die ich für das Video kaufte, wurde schon fast inhaliert.

Ob ich das genossen habe? Nein.

Nachdem ich so viel gegessen hatte, fühlte ich mich erbärmlich. Ich fühlte mich, als hätte ich versagt, als könnte ich meinen Gelüsten nicht standhalten. Ich fühlte mich zunehmend unwohler in meinem Körper und bekämpfte ihn – in meinen Gedanken. Ich mochte mich selbst nicht im Spiegel anschauen, mochte keine enge Kleidung tragen und mich auch nicht anfassen, schon gar nicht von anderen angefasst werden. Ich wollte nicht sehen, wie ich zunahm.

Als ich mich eines Tages auf dem Boden vor der Toilette wiederfand, konnte ich nicht glauben, wie weit ich es getrieben hatte. Ich wusste sofort, dass es so nicht weitergehen konnte und dass ich eine Lösung finden musste. Ich vertraute mich meiner Mutter an, welche mich daraufhin nicht wieder zurück nach Berlin gehen ließ. Ich brauchte eine Auszeit von allem. Vom Lernen, vom Stress, ich brauchte eine Auszeit, um meine vergangenen Erlebnisse nicht mehr kompensieren zu müssen, sondern diese in Ruhe zu verarbeiten.

Wie weit muss es gekommen sein, dass einem jedes Mittel recht ist, um in der Öffentlichkeit, sogar vor Freunden, keine Schwäche zeigen zu wollen? Nicht den Anschein zu erwecken, man sei nicht perfekt?

Der erste Schritt in die richtige Richtung war der, mir nichts mehr zu verbieten. Mir nichts verbieten, das tat ich vor allem in der

Nacht, wenn ich ungestört und unbeobachtet war. Ich schaufelte mir alles Essbare rein, was ich finden konnte: Süßigkeiten, Müsli, Butterbrote.

Ich musste meine Angst vor der Gewichtszunahme ausblenden, da diese schneller kam, als ich gucken konnte. Logisch, wenn man so lange auf ein geregeltes Essverhalten verzichtete.

Auch nach einem halben Jahr, in dem ich nicht mehr auf irgendwas verzichtete, in dem ich meinen Heißhunger auf alles Mögliche auslebte, war es dennoch nicht normal für mich, drei Mahlzeiten zu mir zu nehmen. Es war so tief in mir verankert, dass ich das sogar bei anderen Menschen komisch fand, wenn sie abends eine Mahlzeit zu sich genommen haben. Vor allem wenn diese auch noch Kohlenhydrate beinhaltete.

Auch nach einem halben Jahr und auch nach einem Jahr fühlte ich mich nicht wohl in meinem Körper. Ich fühlte mich aufgequollen, hatte inzwischen fast 20 Kilogramm zugenommen.

Schluss damit! Ich hatte mich inzwischen sehr zurückgezogen, hatte den Kontakt zu Freunden abgebrochen und phasenweise tagelang im Bett gelegen, ohne zu wissen, was ich mit mir anfangen sollte. Doch dann öffnete meine Mutter mir die Augen.

Das Loch, in dem ich mich befand, das habe ich mir selbst gegraben. Das habe ich mir selbst immer und immer tiefer gegraben, also war ich auch diejenige, die dazu in der Lage war, mich da wieder rauszuholen. Eine Kopfsache – und tatsächlich genauso einfach gesagt wie getan. Man muss nur an den richtigen Punkt kommen, an dem einem bewusst wird, dass es so nicht mehr weitergehen kann. Und an dem man die Situation vor allem ändern will.

Ich hatte schon eine lange Zeit keinen Sport mehr gemacht, hatte mich völlig gehen lassen. Und das war auch völlig okay so: Ich denke, es musste so sein, damit ich verstehe, worauf es wirklich ankommt. Und zwar auf mich selbst.

Nun kaufte ich mir ein Sportprogramm, mal etwas völlig anderes. Etwas, bei dem es nicht primär um das Abnehmen ging, sondern darum, mich fit zu machen und zu halten. Meinem Körper etwas

Gutes zu tun. Und das tat es auch.

Ganz abgesehen davon, dass ich nach einiger Zeit bereits sechs Kilogramm verloren habe, konnte ich endlich den Denkfehler in meinem Kopf korrigieren. Ich hörte auf, mich ständig mit anderen zu vergleichen, und ich begann vor allem, mich so zu sehen, wie ich bin. Wie ich das schaffte? Es war eigentlich gar nicht so schwer.

Ich fing an, nicht mehr auf andere zu schauen, vermied es, mich auf sozialen Plattformen mit anderen Frauen auseinanderzusetzen, damit ich mich einfach mal auf mich konzentrieren konnte. Ich tanzte vor dem Spiegel und begutachtete mich dabei. Ich streichelte meinen Bauch und sagte mir, ich sei genau so richtig, wie ich bin. Dabei stellte ich mir immer bildlich vor, mein Körper sei ein eigenständiges Wesen, losgelöst von meinem Geiste. Dann stellte ich mir vor, wie traurig mein Körper war, wenn ich so böse Dinge zu ihm sagte und ihn damit bestrafte, dass ich ihm seine Energie klaute. Vielleicht hilft dir diese kleine Metapher ja auch weiter.

Ich versuchte, mich dann mit lieben Worten zu überschütten und mir einzureden, dass ich mich genauso mag, auch wenn ich es zu dem Zeitpunkt noch nicht wirklich so meinte. Aber wenn wir Menschen eines beherrschen, dann ist es wohl die Kunst des Einredens. Und siehe da: Irgendwann, ja irgendwann war es mir ganz egal, wie andere Frauen aussehen. Denn ich sah schließlich so aus, wie ich aussah.

Wir Menschen haben die Eigenschaft, uns alle voneinander zu unterscheiden. Gott sei Dank! Jeder Mensch ist ganz individuell. Nicht nur von seiner Eigenart her, von seinem Charakter her. Auch sein Körper unterscheidet sich von dem Körper anderer Menschen.

Die eine Frau hat größere, die andere kleinere Brüste. Eine hat ein breiteres Becken, eine andere ein schmaleres. Es gibt große und kleine Menschen, kurvige Menschen, schmale Menschen. Wer legt denn nun fest, wie alle auszusehen haben? Schlimm genug, dass sich manche Menschen für ihr körperliches Idealbild sogar einer Operation unterziehen.

Das, was mich aber am meisten schockiert, ist nicht, dass ich tatsächlich mal so komische Gedanken hatte, sondern dass es heute schon fast normal ist, mit sich selbst so zu kämpfen. Es ist normal, dass man sich selbst nicht schön findet, sich selbst unwohl fühlt, und es ist normal, dass Mädels immer und immer wieder abnehmen wollen. Wann hast du zuletzt gesagt, dass du dich gut fühlst, wie du bist, wann hast du es zuletzt auch so gemeint und gefühlt und wann hast du es zuletzt jemand anderen sagen hören?

Ich konnte meinen Augen nicht trauen, als ich einen Kommentar las, in dem mir eine junge Frau schrieb, wie toll sie das findet, dass ich mich nicht – so wie die anderen es taten – dafür entschuldigte, wie ich vor der Kamera ungeschminkt aussehe. Und ich konnte meinen Augen nicht trauen, als ich die verzweifelten Bestätigungsversuche meiner ganz jungen Zuschauer las, die in den Kommentaren fragten, ob ihr Körpergewicht so okay sei.

Eines der allerwichtigsten Dinge, die ich in den vergangenen Jahren gelernt habe, ist, dass der Schlüssel zu eigentlich allem die Selbstliebe ist.

Du kannst so viel Sport machen, dich so gut ernähren, wie du willst. Solange du dich selbst nicht liebst, wirst du niemals glücklich sein und schon gar nicht langfristig glücklich sein.

Liebst du dich selbst, so werden all deine Ängste verschwinden, da du dir vertraust und an dich glaubst. Ganz gleich, woher diese Ängste stammen.

Liebst du dich selbst, so wirst du in den Spiegel schauen und denken: Wow, was für ein toller Mensch! Du wirst dich wohlfühlen, ganz gleich, ob du trainiert bist oder gerade mal eine Phase hast, in der die Schokolade deine beste Freundin ist. Also, liebes Tagebuch. Ich habe für mich gelernt, dass meine Probleme – völlig gleich, welche es auch sein mögen – plötzlich ganz klein werden, wenn ich die Perspektive wechsle. Wenn ich ganz bei mir bin, mich nicht vergleiche und die Peitsche nicht gegen mich selbst schwinge.

Sich selbst genug sein – ja, das sollte man. Du bist gut genau so, wie du bist, und auf deine ganz eigene Art etwas herrlich Besonderes. Wir haben alles in uns drin, was wir je brauchen. Vollständig sind wir schon längst – dafür brauchen wir keinen materiellen Reichtum oder einen Partner, der uns das schenkt, was wir uns selbst nicht schenken. Liebe.

Das Problem liegt allerdings darin, dass wir uns oft selbst unserer Schönheit, unserer Einzigartigkeit und unseres Selbst berauben, weswegen wir uns unvollständig fühlen. Also können wir aufhören zu suchen und anfangen, drauflos zu leben.

Kann ich heute von mir behaupten, dass ich mich selbst liebe? Ich bin auf dem besten Weg dorthin. Es gibt hin und wieder Tage, an denen auch ich mich nicht so toll finde, an denen ich mich total doof finde und mit mir selbst hadere. Es sind aber bloß kleine Ausreißer, wieder einfangen kann ich mich inzwischen schon relativ schnell.

Dabei hilft es mir, mich mal ganz genau anzuschauen, und zwar nicht mit einem abfälligen Hintergedanken oder einem abwertenden, prüfenden Blick. Ich sitze in der Badewanne und schaue an mir herunter und ja – auch mein Bauch besteht aus mehreren Rollen. Doch anstatt diese abzulehnen, zu verspotten, bin ich ihnen dankbar, dass sie mich schützen.

Es hilft mir auch, mich vor den Spiegel zu stellen und mir einfach zu sagen, dass ich toll bin. Auch wenn ich dabei anfangen muss, total zu lachen, oder es mir im ersten Moment vor mir selbst peinlich ist. Oh Gott, hat das auch wirklich keiner gehört?

In den Momenten, in denen ich mich selbst mit Liebesentzug bestrafe und merke, dass ich unfair zu mir selbst bin, versuche ich, mir genau das wiederzugeben, was ich mir eigentlich wegnehme. Zuneigung. Ja, du kannst dich gedanklich einfach selbst umarmen.

Ich lerne Tag für Tag dazu und übe mich darin, mir jeden Tag ein Stück weit mehr darüber bewusst zu werden, dass ich alles habe, was ich brauche, und dass ich wundervoll bin – genau so, wie ich bin. Es ist ein Prozess und es wird mit Sicherheit auch hier immer mal wieder kleine Ausreißer geben, in denen wir uns gegen uns selbst stellen. Und das ist auch gut so. Der erste Schritt zur absoluten Erkenntnis ist das Bewusstsein über das, was man gerade tut. Je bewusster du dir deines Handelns wirst, desto öfter wird dir auffallen, wie ungerecht du gerade zu dir selbst bist. Es wird dir immer häufiger und immer häufiger auffallen, bis du es erkennst und irgendwann auch fühlen kannst.

Wir brauchen uns für niemanden, aber auch wirklich niemanden auf dieser Welt zu verbiegen oder umzuformen. Es ist grausam, mit anzusehen, wie oberflächlich die Menschen doch größtenteils sind. Wie herablassend sie oft untereinander zueinander sind und sich dabei gegenseitig auf Äußerlichkeiten reduzieren. Dabei vergessen sie, dass genau diese Äußerlichkeiten das Unbeständigste und Vergänglichste überhaupt sind.

Weißt du was? Die Erkenntnis, von der ich dir bereits erzählt habe, die kam von heute auf morgen, von jetzt auf gleich. Ich konnte immer sehr gut reflektieren, was ich da tat, bis ich es endlich wahrhaftig sehen konnte. Ich glaube, wir können endlich aufhören, uns in Ausreden zu flüchten, dass alles nicht so leicht sei, wie man sagt.

Denn tatsächlich ist es genauso schwer, sich schlechte Dinge über sich selbst zu erzählen, wie es ist, sich eine gute Geschichte über sich selbst zu erzählen.

Eine kleine Sache habe ich aber noch, die ich dir erzählen möchte. Vergiss nicht, dir selbst das zu verzeihen, was du dir angetan hast. Ich war manchmal sauer auf mich, dass ich meinen Körper so mies behandelt habe, und konnte nicht verstehen, wie es so weit kommen konnte. Ich habe mich dann quasi noch mal dafür bestraft, indem ich meinen Körper zwar lieb gewonnen hatte, mir in meinen Gedanken aber einredete, wie gemein ich doch war.

Ich glaube fest daran, dass alles aus einem Grund passiert und dass all diese Dinge gut waren, genau so wie sie passierten. Wäre all das nicht gewesen, wäre ich heute nicht der Mensch, der ich eben bin. Und zwar ein Mensch, der sich selbst vertraut und sich selbst lieb hat.

Hör endlich auf zu verzichten! Iss, was auch immer du essen möchtest. Mach so viel Sport, wie du möchtest, und belohne dich so viel, wie du dich eben belohnen möchtest. Aber tu es aus der richtigen Intention heraus – und nicht, weil du abnehmen willst.

Dein Körper, der wird dich noch dein ganzes Leben begleiten. Sei gut zu ihm. Gut zu ihm sein heißt nicht, ihn nur mit Fast Food zu füttern und sich gar nicht zu bewegen. Aber wenn du dir eine Pizza bestellst und den ganzen Tag nur auf dem Sofa gelegen hast, dann genieße es, denn auch das ist ab und an völlig okay.

Gut zu ihm zu sein heißt aber auch nicht, auf Kohlenhydrate zu verzichten und zu viel Sport zu betreiben. Genauso wenig bedeutet es, dass es gut ist, wenn du dich auf die Knochen runtermagerst oder deine Gelenke mit einem Übermaß an Gewichten belastest.

Vielleicht fängst auch du nun damit an, dich selbst lieb zu haben?

BEDINGUNGEN AN DICH SELBST

WANN HAST DU ZULETZT GESAGT, DASS DU DICH GUT FÜHLST, WIE DU BIST, WANN HAST DU ES ZULETZT AUCH SO GEMEINT UND GEFÜHLT UND WANN HAST DU ES ZULETZT JEMAND ANDEREN SAGEN HÖREN?

WAS IST ES, WAS DICH DAVON ABHÄLT, GLÜCKLICH ZU SEIN? WELCHE BEDINGUNGEN STELLST DU AN DICH?

- [ ] Ich muss erst abnehmen, damit ich bewundert werden kann.
- [ ] Meine Brüste müssen größer/kleiner sein, damit ich weiblich bin.
- [ ] Meine Oberschenkel dürfen sich nicht berühren, ich brauche eine Lücke zwischen ihnen.
- [ ] Meine Arme sind zu dick, ich ziehe erst ein Top an, wenn ich dünner geworden bin.
- [ ] Meine Lippen sind zu schmal.

Was würde sich ändern, wenn meine Brüste größer wären? Würde ich mich dann endlich mehr lieben? Würde ich mich dann mehr als Frau fühlen? Würde ich mich dann wertvoller fühlen? Vollständiger? Oder würde ich dann mein Gefühl des Mangels vielleicht einfach auf etwas anderes konzentrieren? Die ehrlichen Antworten auf all diese Fragen taten bei mir anfangs auch erst mal weh.

WENN SOGAR DER SPIEGEL LÜGT

In unserer kritischsten Phase können wir an keinem einzigen Spiegel vorbeilaufen. Jedes Mal stellen wir uns wieder vor ihn, begutachten unseren viel zu dicken Bauch, quetschen unsere Haut am Oberschenkel zusammen, um unsere Cellulite heranreifen zu sehen, und blicken in unser vom Stress gezeichnetes Gesicht. Magst du dein Äußeres oder hasst du es vielleicht sogar? Der Spiegel als Indiz, um unsere Hässlichkeit zu bestätigen.

Schlimm genug, dass wir uns über unsere Hülle, unseren Körper – welcher eigentlich dazu dient, uns durchs Leben zu tragen – identifizieren. Unser Innerstes, unser Wesen, mit ihm gleichsetzen und uns minderwertig fühlen, weil wir nicht dem Bild der unnatürlichen, erfundenen Frau entsprechen.

Wie wäre es, wenn du deinen Spiegel nicht mehr zum Feind, sondern ab heute zu deinem Freund machst? Dein Freund, der dich selbst widerspiegelt.

Klebe Zettel auf deinen Spiegel und beschrifte diese mit kleinen, liebevollen Botschaften an dich. Wenn es dir schwerfällt, schöne Dinge über dich aufzuschreiben, dann denke an einen Menschen oder auch an ein Tier, welches du sehr lieb hast, bewunderst, wertschätzt. Was würdest du dieser Person oder diesem Tier schreiben?
PS: Nur falls du glaubst, dass die Klebezettel die reine Selbstverarsche sind: Bedenke, dass egal, ob du dir gute oder schlechte Dinge an den Kopf wirfst, beides Geschichten sind, die du dir selbst erzählst. Du wählst aus, welche du glauben möchtest.

DAS MAG ICH AN MIR

Wofür bist du deinem Körper dankbar? Suche dir Körperstellen aus, kreise sie ein und schreib auf die Striche, was sie für dich jeden Tag tun.

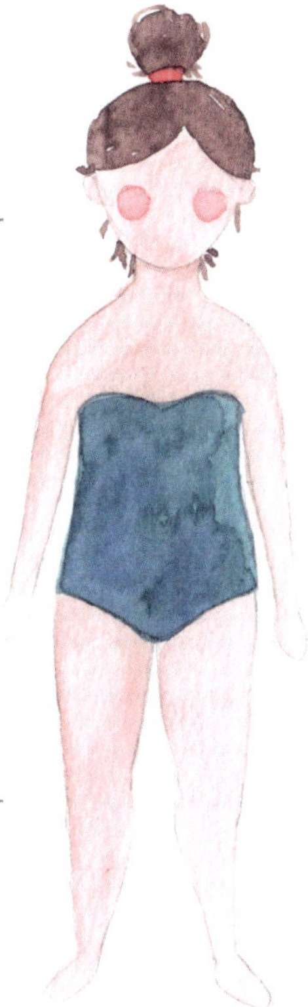

Dein Körper ist ein unendliches Geschenk. Wenn du gesund bist, hast du Augen, die für dich sehen, Beine, die für dich laufen, und Muskeln, die für dich tragen. Natürlich habe auch ich Tage, an denen ich mich schwertue, jeden Teil meines Körpers zu lieben. Aber ein Blick auf das, was er für mich leistet, bringt mich wieder zu mir selbst zurück.

BEOBACHTE DICH SELBST

Normalerweise wird ein Handzähler dazu verwendet, irgendwelche Zählungen durchzuführen, z. B. wie viele Menschen, Autos etc. zu einer bestimmten Zeit an einem bestimmten Ort sind.

Besorg dir einen Handzähler und ich verrate dir, was du Schönes damit machen kannst: Der Handzähler wird ab heute dein ständiger Begleiter sein. Und wann immer du schlecht über dich denkst, an dir rummäkelst, dich minderwertig fühlst oder sonst irgendwelche doofen Gedanken über dich selbst hegst, drückst du auf den Zähler. Durch den Zähler wirst du achtsamer werden, was deine Gedanken angeht. Am Abend schreibst du die Zahl auf einen Zettel und setzt den Zähler auf null. Neuer Tag, neuer Zählerstand und am Abend wird die Zahl wieder notiert.

Nach einer Woche erweiterst du die Übung:
Ab jetzt darfst du bei jedem guten oder schönen Gedanken über dich den Zähler um einen Punkt zurücksetzen. Nun beginnst du damit, bewusst wahrzunehmen, wenn du etwas Gutes über dich sagst oder denkst.

Vielleicht hast du anfangs gemerkt, wie oft du schlecht über dich selbst denkst. Vielleicht sogar öfters, als du bislang dachtest. Sich dies bewusst zu machen ist der erste Schritt zur Erkenntnis. Wenn man sich über etwas bewusst ist, dann kann man es auch ändern. Niemand möchte permanent schlechte Dinge über sich hören – wenn wir ehrlich sind: eigentlich sogar gar keine. Also fang an, gut zu dir selbst zu sein!

ZEIG DICH DER WELT

Gehe zwei Minuten in deinem gewohnten Gang umher, wenn du magst, auch vor dem Spiegel. Beobachte dich dabei.

Jetzt gehe zwei Minuten lang wie ein schlaffer Sack, mit gesenktem Kopf, nach vorne hängenden Schultern, den Blick nach unten gerichtet. Gehe langsam, die Knie sind weich. Gehe ziellos, ohne Motivation, ohne Kraft.

Nun wechsle aus dieser energielosen Haltung in einen extrem aufrechten Gang. Rücken gerade, Schultern nach hinten, Kopf nach oben. Dein Blick geradeaus. Brust raus. Stelle dir vor, es würde dich jemand am Scheitel nach oben ziehen. Gehe mit dieser Haltung zwei Minuten durch die Gegend und stelle dir vor, du bist die schönste, klügste, charmanteste und erfolgreichste Frau auf Erden.
Dann gehe wieder zurück in deine gewohnte Körperhaltung und laufe ein wenig herum. Beobachte, was sich verändert hat. Wie fühlt sich das an?

Ein aufrechter Gang ändert nicht nur dein äußeres Erscheinungsbild, sondern auch dein Selbstbewusstsein. Zu schnell beugen wir uns dem äußeren Druck, verkriechen uns und ziehen den Kopf ein. Eine Schutzhaltung – in der Hoffnung, dass uns so niemand angreifen kann und wir uns nicht für unser unperfektes Dasein entschuldigen müssen.

Zeig dich der Welt! Du bist einzigartig, wunderbar.
Du bist gut genug.

lass los

UND

fliege

Liebes Tagebuch,

an einem gewissen Punkt in unserem Leben bleiben wir stehen. Wir bleiben einfach stehen, weil wir die Veränderung nicht verstehen wollen, sie nicht akzeptieren und hinnehmen wollen. Krampfhaft versuchen wir, das aufrechtzuerhalten, was wir uns so sehnlichst gewünscht haben, unseren Zufluchtsort, an dem wir nun aber keine Zuflucht mehr finden können. Sie dort aber trotzdem weitersuchen. Wir suchen – manchmal habe ich das Gefühl, dass das Leben eine einzige Suche ist. Wir suchen lieber, statt zu finden, weil wir uns mit dem, was wir finden, nicht anfreunden können. Es kommt nie so, wie man es plant, wie man es sich wünscht oder fast schon zwanghaft vorstellt. Es kommt aber auch nicht so, wie wir es verdienen – auch wenn wir dies manchmal abfällig über uns selbst sagen. Es kommt wohl vielmehr so, wie es kommen soll.

Veränderung. An einem Tag begrüßt man sie mit einem Lachen, an einem anderen weint man wegen ihr eine Träne. Wir bleiben stehen, um der Veränderung entgehen zu können, wenngleich wir merken, dass es einen Stillstand nicht gibt. Wir fühlen uns dann wohl eher im Stich gelassen, weil uns etwas weggerissen wird. Fühlen uns alleine, einsam. Machtlos. Weil die Veränderung alles um uns herum mitzieht und wir nur zuschauen können.

Als mein Vater nach Zypern auswanderte, ist mein mir so wichtiges Bild meiner heilen Familie komplett zerbrochen. Ich fühlte mich so im Stich gelassen, als würde man mir etwas wegnehmen, was aber sowieso nur noch in meinen Gedanken existierte. Das, was ich mir in meinem Kopf so krampfhaft versucht hatte aufrechtzuerhalten, war schon lange nicht mehr da. Vielleicht war es nie da gewesen.

Meine Familie war für mich mein Rückzugsort, mein Schutzraum und vor allem bestand meine Familie aus Mama, Papa und meinem Bruder – jedenfalls in meinen Gedanken. Mein Bruder ist sechs Jahre älter als ich, ein sehr großer Altersunterschied, vor allem wenn der ältere Bruder in die Pubertät kommt und die kleine Schwester noch mit Puppen spielt. Wir haben uns immer schon sehr, sehr lieb gehabt und mein Bruder bedeutete mir schon immer sehr, sehr viel. Aber wirklich gut gekannt habe ich ihn nie. Er hatte ein eher schwieriges Verhältnis zu meinem Vater, was mir sehr zu schaffen machte. Er war auf jeden Fall derjenige von uns beiden, der alle Grenzen austesten musste.

Ich erinnere mich noch an die unzähligen Male, als ich mich für meinen Bruder einsetzte, weil ich mich irgendwie verantwortlich für ihn gefühlt habe. Die unzähligen Streitereien, die auch ich deshalb mit meinem Vater hatte. Und dennoch wusste ich so vieles nicht über meinen Bruder.

Gerade als ich in das Alter kam, in dem unsere Interessen ähnlicher wurden, als auch ich anfing, auf Partys zu gehen, erwachsener zu werden, zog er von zu Hause weg. Und nicht nur das: Kurze Zeit später zog er sogar nach Wien. Er war also immer ein Teil meiner heilen Familie, den ich mir viel mehr herbeigesehnt habe, mit dem ich viel mehr hätte teilen wollen – die Krankheit meines Vaters, die Trennung meiner Eltern. Der jedoch so, wie ich es mir in meiner Traumwelt ausmalte, gar nicht existierte. Heute sehen wir uns vielleicht drei Mal im Jahr, eine Zeit, der ich immer sehr entgegenfiebere, die immer wieder eine ganz wunderbare, intensive Zeit ist. Auch wenn wir nicht viel Kontakt haben, uns nicht besonders gut kennen, fühle ich mich ihm sehr verbunden und würde immer alles für ihn tun.

Familie bedeutet für mich Geborgenheit und Wärme. Ich liebte es, wenn ich aus der Badewanne in meinen Bademantel mit den Bärchenohren schlüpfte und zu meinen Eltern ins warme Bett kriechen konnte. Es war eine sorgenfreie Zone, die mich vor allem vor der Einsamkeit schützte. Ein fester Bund, der immer für einen da ist. Ein Team.

Einsamkeit ist für mich der wohl unerträglichste Gedanke, den ich haben kann. Zwar bin ich auch gern für mich alleine, jedoch habe ich immer das Bedürfnis nach einer Person, die mir Sicherheit geben kann. Ja, ich sehne mich förmlich nach Sicherheit, nach einer Person, die stets an meiner Seite ist.

Mein Vater war, seit ich mich erinnern kann, schon immer ein Geschäftsmann. Ein Mann, der sehr viel auf Reisen war – seien es die Philippinen oder nur die Schweiz, in der er unterwegs war. Seine Arbeit war ihm immer sehr wichtig, weshalb ich mich immer für seine Arbeit interessierte. Ich ging mit zu seinen großen Seminaren, die er hielt, stellte mich mit ihm auf die Bühne und genoss seine Aufmerksamkeit. Vor allem genoss ich es, wie er mich in der Öffentlichkeit behandelte – wie seine Prinzessin. Ich genoss es so sehr, weil es zu Hause selten vorkam: Er war ja oft nicht da.

Trotzdem bedeutete meine Familie immer eine heile Welt für mich – ganz gleich, ob sie nun wirklich so heile war, wie ich sie mir vorstellte, oder nicht.

Als mein Vater dann aber nach Zypern auswanderte, war es unmöglich, sich diese Familie weiter so heil zu reden. Dieses Mal war es ein Fakt, dass meine Mutter und ich alleine zu Hause waren. Nicht nur meinen Bruder würde ich selten sehen, nun also auch meinen Vater.

Für mich brach eine Welt zusammen, meine Welt brach zusammen. Ich verstand das alles nicht, wollte das beim besten Willen nicht wahrhaben und fühlte mich so unglaublich alleine gelassen. Ich war so enttäuscht und wütend über das, was passierte.

Mein Vater und ich hatten zu diesem Zeitpunkt keinen Kontakt, es gab gar keine Kommunikation zwischen uns. Wie es mir ging, das erfuhr er von meiner Mutter. Ich wollte aber auch keinen Kontakt – ihn weder sehen noch sprechen. Mein Herz war in tausend Stücke zerrissen und ich wusste gar nicht, wie ich mit dieser Situation umgehen sollte. Schließich war es an den Eltern, immer einen Plan zu haben und für einen da zu sein. Nun sah ich aber meine Mutter, die vor Wut platzte, weil mein Vater mir so wehtat, und von meinem Vater, nun ja, sah ich gar nichts mehr. Ich hatte das Gefühl, als sei ich ihm egal, weil er keinen Kontakt zu mir suchte. Und das, obwohl ich eigentlich ja auch keinen Kontakt wollte. Oder wollte ich doch bloß, dass er mir zeigte, wie sehr er mich lieb hat?

Heute weiß ich, dass mein Vater zunächst gar nicht plante, wirklich für immer im Ausland zu bleiben, und er in seiner Ohnmacht nicht wusste, wie er mit der Situation umgehen sollte. Mit einer Tochter, die wütend auf ihn war, wo er doch versuchte, sein Leben nach der Trennung meiner Mutter in geregelte Bahnen zu bekommen. Heute weiß ich, dass mein Vater mich unendlich doll liebt, und heute weiß ich, dass ich ihn unendlich doll liebe. Er ist mein Papi und inzwischen auch ein wirklich toller Freund geworden. Eine Person, auf die ich mich trotz der Distanz immer verlassen kann, eine Person, die ich zwei Mal im Jahr sehe. Und obwohl wir uns so selten sehen, haben wir ein unglaublich gutes Verhältnis zueinander. Aber um das zu begreifen, musste ich erst lernen loszulassen.

Loslassen. Was sollte ich denn nun loslassen? Etwa das Bild der heilen Familie, an das ich mich so sehr klammerte? Sollte ich meinen Vater loslassen? Und was heißt verdammt noch mal loslassen?

Annehmen und Vergebung. Es gut sein lassen, wie man so schön sagt, obwohl dieser Spruch für mich eher negativ behaftet ist. Man hört diesen Spruch so oft, wenn man eine Situation einfach vergessen soll. Als würde einem die Chance geraubt werden, die Situation vernünftig zu verarbeiten. Dennoch steckt in diesem Spruch so viel Wahrheit.

Verzeihen – das ist der Schlüssel für so viele Dinge. Es öffnet dir so viele Türen und befreit dein Herz von tonnenschweren Sorgen. Jedoch konnte ich eine sehr lange Zeit nicht verstehen, was Verzeihen wirklich bedeutet.

Ich dachte immer, Verzeihen heißt, dass ich die Situation, das Passierte, einfach vergessen soll, es gutheißen soll oder es einfach hinnehmen soll. Ich habe aber inzwischen verstanden, dass Verzeihen genau das nicht ist. Du musst etwas nicht für gut befinden, um verzeihen zu können. Du solltest vielmehr lernen, die Vergangenheit dort zu lassen, wo sie ist. Die Situation anzunehmen, genau so, wie sie passiert ist, ohne sie in ein gutes Licht zu stellen. Du musst nicht das gut finden, was man dir angetan hat, sondern es akzeptieren. Akzeptieren, indem du das Erlebte ruhen lässt, hinter dir lässt. Es eben loslässt.

Wir halten an so vielen Dingen fest und – glaube mir, liebes Tagebuch – ich bin eine Meisterin darin. Das Nicht-wahrhaben-wollen-Syndrom. Wir halten an Personen fest, die schon lange nicht mehr so sind, wie sie waren, als wir sie kennenlernten. An Freunden, die nicht mehr für dich da sind, die du trotzdem nicht gehen lassen willst, weil du Angst davor hast, alleine zu sein. Beziehungen, in denen wir unglücklich sind, aber denken, dass wir so einen Partner nie wieder finden. Wir halten an Gewohnheiten und an materiellen Dingen fest, mit denen wir nach außen zeigen wollen, wer wir sind oder wer wir sein wollen – eine Fassade. Wir halten krampfhaft an unserer selbst inszenierten Welt fest. Warum? Weil wir Angst haben. Das Leid liegt im Festhalten.

Lieber halten wir Erlebtes, Erinnerungen, Situationen aus der Vergangenheit fest, statt hinzusehen und uns ihrer anzunehmen. Annehmen ist anschauen, weshalb wir lieber verdrängen, als wirklich hinzuschauen. Ganz richtig, wir halten an Erinnerungen fest. Hast du schon von der Psychologin Julia Shaw gehört? Eine Wissenschaftlerin, die belegt hat, dass keine Erinnerung von uns wirklich wahr ist, dass unser Gedächtnis uns betrügt. Erinnerungen resultieren aus sozialen Prozessen, sind beeinträchtigt von Gefühlen, Emotionen – und dennoch sprechen wir ihnen einen so hohen Wert zu. Wir geben den Dingen ihre Bedeutung und können uns dann im Nachhinein darüber ärgern, welche Bedeutung wir ihnen zugesprochen haben. Natürlich schwelgen wir gerne in Erinnerungen, jedoch sollten wir diese in der Vergangenheit lassen.

Viele Menschen definieren sich über ihre Vergangenheit, rechtfertigen sich und ihr Verhalten mit ihr, indem sie sagen, dass sie zu gewissen Dingen nicht fähig sind, weil ihnen etwas in der Vergangenheit widerfahren ist. Die Vergangenheit ist eine Geschichte, ja, sie ist unsere Geschichte. Aber diese Geschichte liegt eben in einer Vergangenheit. Sie ist schon passiert und du kannst in jedem Moment deines Lebens anfangen, ein neues Kapitel zu schreiben. Vielleicht können wir nicht immer bestimmen, was in unserem Leben geschieht. Schicksalsschläge passieren einfach so, ohne dass wir darauf vorbereitet sind. Menschen um uns herum verändern sich, ohne dass wir das beeinflussen können. Aber wir können immer entscheiden, wie wir es betrachten und wie wir uns damit fühlen. Jeder Moment, jeder Augenblick ist eine einmalige Chance. Jeder Tag ein Neuanfang.

Loslassen beginnt in unseren Gedanken. Es gibt keinen Trick oder eine Abkürzung, die dir das Loslassen erleichtert. Es ist wohl eher eine Entscheidung, die du triffst, die dich auf deinem Weg begleitet.

Wieso halten wir eigentlich an Dingen fest? Nun ja, bei mir war es eindeutig. Ich kann es nicht ertragen, das Gefühl zu haben, einsam zu sein. Verlassen zu werden ist grausam – das wissen wir alle. Also hielt ich an dem Gedanken meiner heilen Welt, meiner heilen Familie, fest. Ein Mangel an Vertrauen in mich selbst, den ich dadurch kompensierte. Weil ich etwas gesucht habe.

Zu allem Übel verliebte ich mich dann noch in einen Jungen, den ich auch nur wenige Male im Jahr sehen konnte. Mein Freund, mit dem ich eine Fernbeziehung führte, über eine Distanz von Zehntausenden Kilometern. Eine Beziehung, die mir klarmachte, dass ich endlich mit meiner Vergangenheit, mit den noch offenen Wunden, abschließen musste.

Der Junge, in den ich mich verliebte, war ein Fußballspieler und bekam für seine gute Leistung ein Stipendium in Amerika. Wir lernten uns noch in der Schulzeit kennen und nach einigen Hoch- und Tiefpunkten entschieden wir uns doch, die Zeit des Stipendiums durchzustehen. Doch jedes Mal, wenn er wieder nach Amerika fliegen musste, jedes Mal gegen Ende seiner Ferien, wurde ich unglaublich sauer. Ich war innerlich richtig angepisst, weil ich mich jedes Mal so fühlte, als würde er mich verlassen. Jedes Mal aufs Neue.

Und dann kam ich an einen Punkt, an dem ich ein kleines bisschen zusammenbrach. Ich fühlte mich so unglaublich alleine, so unglaublich verlassen. Meine Mutter war die einzige Person, die immer da war, und die einzige Person, die in meiner unmittelbaren Nähe war. Zum Glück! Schließlich ist meine Mutter eine der aller-aller-wichtigsten Personen überhaupt für mich: Sie ist meine beste Freundin, meine Mutter und irgendwie auch ein bisschen meine Seelenverwandte. Dennoch fühlte ich mich einsam, denn die anderen Personen, die ich sehr liebte, hatten mich alle verlassen. Jedenfalls fühlte es sich so an. Mein Bruder, mein Vater – und jetzt sogar auch noch mein Freund. Sie lebten nicht nur nicht in meiner unmittelbaren Nähe, sondern lebten nicht mal im selben Land wie ich. An diesem Punkt wusste ich, dass ich endlich mit dem Vergangenen abschließen musste. Dass ich meinen Wunden nun die Chance geben musste zu heilen. Ich musste mir endlich eingestehen, dass mich all das verletzte. Ich musste hier nicht mehr die starke Jana spielen, sondern endlich lernen loszulassen.

Nein, loslassen geht sicher nicht von heute auf morgen. Es ist wohl eher ein Prozess, in dem ich aber nach und nach lernte, mir selbst zu vertrauen. Ich habe die Situationen mit anderen Augen betrachtet, mir meine Vergangenheit noch mal neu erzählt. Ich wurde nicht verlassen – von niemandem – und ich war auch nicht alleine oder gar einsam.

Ich wollte endlich wieder leben, und zwar nicht mehr in der Vergangenheit, sondern im Jetzt. Wenn wir an bereits passierten Dingen festhalten, dann können wir nicht im Jetzt leben, genauso wie wir nicht im Jetzt leben können, wenn wir uns nur durch unsere Vergangenheit definieren. Klar macht uns die Vergangenheit zu der Person, die wir heute, gerade jetzt, sind. Aber du entscheidest über deine Vergangenheit, darüber, mit welchen Augen du sie betrachten möchtest und ob du ihr die Macht zusprechen möchtest, über deine Zukunft zu bestimmen. Denn deine Zukunft bestimmst du genau jetzt.

Ich verzieh, ließ es gut sein – und ließ vor allem die Vergangenheit dort, wo sie hingehörte. Somit gab ich nicht nur meinen Liebsten eine neue Chance, ein Teil meines Lebens zu sein, vielmehr gab ich mir die Chance, mein Leben so zu leben, wie ich es mochte. Ich wurde also milde mit mir selbst und mit den Menschen um mich herum. Weg mit den negativen Gefühlen, der Angst, der Wut, den Sorgen.

Weg mit der Angst vor der Einsamkeit – auch wenn sie mich ab und an immer noch heimsucht.

Liebes Tagebuch, ich dachte immer, wenn ich verzeihe, loslasse, dann würde ich Schwäche zeigen. Ich dachte, dass ich dann eingestehen würde, mit meinem Empfinden unrecht gehabt zu haben, und nachgeben müsste. Als sei das Verzeihen ein verlorener Kampf. Ein verlorener Kampf der Person gegenüber, die dich verletzt hat, eine Genugtuung für die falsche Seite. Aber ganz im Gegenteil. Verzeihen ist eine Genugtuung für deine Seele: Sie befreit dich, anstatt dich in die Knie zu zwingen.

LASS LOS!

Wir halten permanent an Dingen fest, materiellen Dingen, Äußerlichkeiten. Doch manchmal merken wir gar nicht, an was wir uns alles festhalten. Vielleicht um uns von uns selbst abzulenken, vielleicht aber auch, weil wir schlichtweg gar nicht merken, was uns alles zur Last fällt.

LERNE LOSZULASSEN! SCHNEIDE DAS SEIL VON DEN DINGEN, DIE DU LOSLASSEN WILLST, UND LASS DIE LUFTBALLONS FLIEGEN!

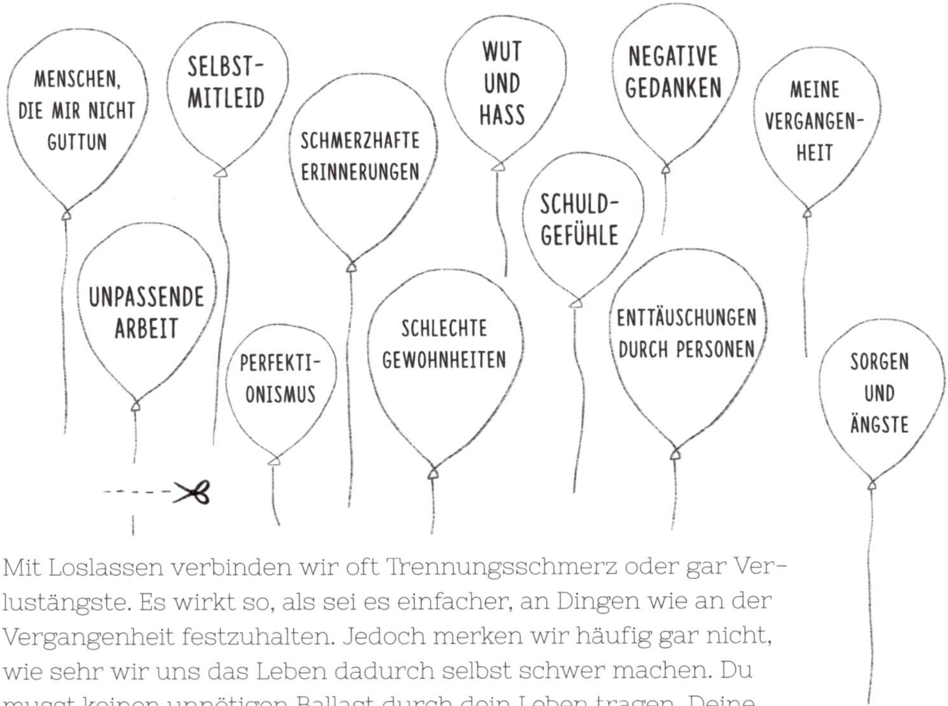

Mit Loslassen verbinden wir oft Trennungsschmerz oder gar Verlustängste. Es wirkt so, als sei es einfacher, an Dingen wie an der Vergangenheit festzuhalten. Jedoch merken wir häufig gar nicht, wie sehr wir uns das Leben dadurch selbst schwer machen. Du musst keinen unnötigen Ballast durch dein Leben tragen. Deine Vergangenheit ist vergangen, also konzentriere dich doch auf das, was jetzt ist. Auf dich.

DEINE BELASTUNGEN

ANTWORTE SO SCHNELL WIE MÖGLICH: WELCHE DREI DINGE BELASTEN DICH AKTUELL, DIE DU AM BESTEN SOFORT HINTER DIR LASSEN MÖCHTEST?

WAS HINDERT DICH DARAN, DICH VON DIESEN DINGEN ZU BEFREIEN?

WOVOR UND WARUM HAST DU ANGST? WELCHE KONSEQUENZEN KÖNNTE DAS LOSLASSEN HABEN?

WELCHE POSITIVEN AUSWIRKUNGEN KÖNNTE ES HABEN, WENN DU LOSLÄSST?

Wenn du bei der ersten Frage wirklich schnell geantwortet hast, dann hat dein Bauchgefühl gesprochen. Lass die Antworten zu – auch wenn du dich dabei unwohl fühlst, weil es auf den ersten Blick eine Herausforderung sein könnte, diese Dinge loszulassen. Loslassen bedeutet für mich eine Befreiung von all dem, was mich von mir selbst entfernt hat.

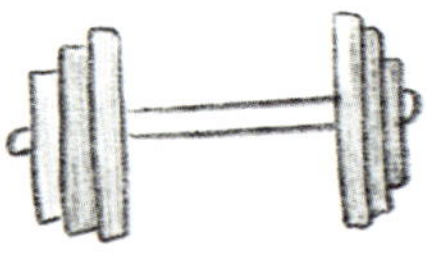

SCHLUSS MIT GRENZEN SETZEN!

Es ist an der Zeit, dich von deinen Mustern, Glaubenssätzen und Prinzipien zu lösen. Du musst dich nicht durchbeißen, wenn es dir wehtut! Du musst nicht – du willst.

WAS, DENKST DU, MUSST DU TUN? WARUM?

____

____

WIESO GLAUBST DU, DASS DIES WAHR IST? HABEN DAS VIELLEICHT MENSCHEN IN DEINER UMGEBUNG GESAGT? STAND ES IN EINEM SCHLAUEN BUCH?

____

____

KOMMEN DIR DIESE SÄTZE BEKANNT VOR? WENN JA, KREUZE SIE AN!

- ☐ Ich bin halt so.
- ☐ Das muss so sein.
- ☐ Das war schon immer so.
- ☐ Ich muss perfekt sein.
- ☐ Ich bin nicht gut genug.
- ☐ Ich kann das nicht.
- ☐ Geld muss man sich hart erarbeiten.
- ☐ Ich hab das nicht verdient.

Was wäre, wenn ich dir jetzt sage, dass es keine Grenzen gibt, dass diese Sätze nur in deinem Inneren existieren, dich innerlich begrenzen und du deinen Glauben neu bestimmen kannst? Oft wollen wir nicht aus unserer Komfortzone raus, in die wir uns so schön hineingekuschelt haben. Hinterfragen könnte zu anstrengend sein, wobei wir dabei übersehen, dass wir damit den beschwerlichen Weg gewählt haben. Man muss nicht, man kann, man will.

VERZEIHE DIR UND ANDEREN!

Willkommen in der Gegenwart. Heute sind wir mal knallhart ehrlich zu uns selbst: Bereust du manchmal immer noch Dinge, die weit entfernt in der Vergangenheit liegen, oder zerbrichst du dir den Kopf über das, was du gestern zu jemandem gesagt hast und heute nicht mehr als richtig empfindest?

BESCHREIBE EINE SITUATION, DIE DIR SCHWER IM MAGEN LIEGT. WELCHEN FEHLER HAST DU GEMACHT, DEN DU BIS HEUTE BEREUST UND DIR NICHT VERZEIHEN KANNST?

WAS ÄNDERT SICH, WENN DU DEN FEHLER AUS EINER ANDEREN PERSPEKTIVE BETRACHTEST? HAST DU AUS DEINEM FEHLER GELERNT, DICH ENTWICKELT ODER EINE NEUE CHANCE BEKOMMEN?

Wir bereuen Dinge, die bereits in der Vergangenheit liegen. Dabei frage ich mich immer, wieso wir uns über etwas ärgern, was wir jetzt sowieso nicht mehr ändern können? Es ist doch schon passiert! Das heißt nicht, dass ein Fehler eine gute Tat war, vielleicht hat man sogar einen anderen Menschen verletzt. Jedoch ist ein Fehler in meinen Augen vielmehr ein Lehrer. Wir können Dinge nicht rückgängig machen, aber aus ihnen lernen. Manchmal entsteht aus einem Fehler sogar eine Chance. Vielleicht gibt es sogar immer eine neue Chance. Wir können durch ihn die Dinge mit anderen Augen betrachten, die Perspektive wechseln und eine neue Erkenntnis gewinnen.

WELCHE PERSON HAT DIR LEID ZUGEFÜGT? WEM KANNST DU BIS HEUTE NICHT VERZEIHEN?

WAS HINDERT DICH DARAN, DER PERSON ZU VERZEIHEN? WAS WÜRDE SICH ÄNDERN, WENN DU ES TÄTEST?

Verzeihen hat nichts mit Schwäche, Nachgeben oder einem verlorenen Kampf zu tun. Du bewertest eine Situation nicht gleich positiv, nur weil du sie verzeihst und sie nicht nachträgst. Generell hilft es, wenn wir aufhören, so viele Dinge zu bewerten.
Mir hilft es, die Menschen mit Liebe zu betrachten. Indem ich ihnen verzeihe, befreie ich mich selbst, denn Nachtragen bringt nichts. Durch das Nachtragen von Ereignissen holt man die Vergangenheit ständig wieder in seine Gegenwart. Wie soll man denn dabei dann nicht vergessen, dass sein Leben jetzt gerade stattfindet – und nicht gestern.
Du kannst nichts verlieren, indem du verzeihst oder loslässt. Und aus jedem scheinbaren Verlust können wir nur gewinnen. Vielleicht sogar eine Erkenntnis, die viel größer ist als das, was wir verloren haben.
Vergiss nicht, auch dir selbst das zu verzeihen, was du dir selbst angetan hast. Mit all deinen negativen Gedanken gegen dich selbst und deinem „Hätte ich doch". Du bist gut, du bist wunderbar, genau wie du bist!

ICH-LASSE-LOS-CHALLENGE

Nimm dir 30 Tage lang jeden Tag 30 Minuten Zeit, um dein Zuhause auszumisten. Starte mit deinem eigenen Zimmer und nimm dir dann die anderen Räume vor (wenn du schon eine eigene Wohnung hast).

IN DEINEM EIGENEN ZIMMER:

- [ ] Kleiderschrank
- [ ] Schuhe
- [ ] Kosmetik und Pflegeprodukte
- [ ] Papiere
- [ ] Filme und Musik
- [ ] Schreibtisch und Büromaterialien
- [ ] Schmuck und Accessoires
- [ ] Bücher und Zeitschriften
- [ ] Handtasche und Rucksäcke (auch von innen)
- [ ] Kleinkram und Geschenke
- [ ] Schränke und Regale im Schlafbereich
- [ ] E-Mails
- [ ] Smartphone (Fotos, Apps, Kontaktbuch)
- [ ] PC und/oder Laptop (Desktop, Programme, Dateien)
- [ ] Social Media (Newsletter-Abos, Profile, Freunde etc.)
- [ ] Elektronik, Kleingeräte und Kabel
- [ ] Spielzeug oder Hobby- bzw. Sportgegenstände
- [ ] Dekoration und Dinge auf Oberflächen
- [ ] Geldbeutel und Kleingeld
- [ ] Fotos, Geschenke und Erinnerungen

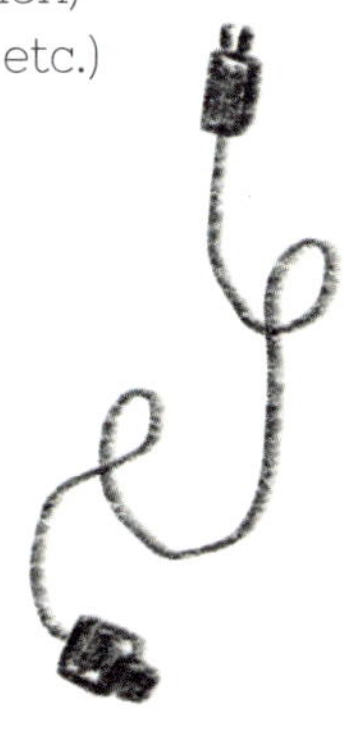

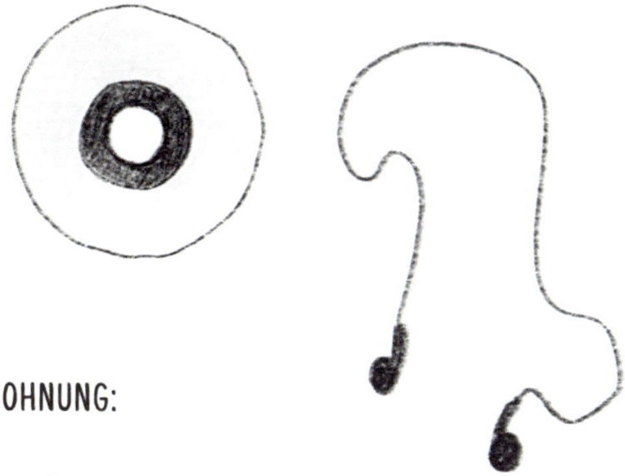

IN DEINER WOHNUNG:

- [ ] Badschränke
- [ ] Kühlschrank und Gefrierschrank
- [ ] Wohnzimmerschränke
- [ ] Wähle aus: Keller, Garage, Balkon, Terrasse, Flur
- [ ] Putzmittel und Abstellraum
- [ ] Textilien (Bettwäsche, Tischdecken, Teppiche etc.)
- [ ] Flurschrank (inkl. Handschuhe, Schals, Mützen etc.)
- [ ] Küchenschränke
- [ ] Von überflüssigen Möbelstücken trennen
- [ ] Vollende mit einem Wohnungsputz!

Das Ausmisten von deinem materiellen Hab und Gut ist erst der Anfang! Diese Challenge hilft dir nämlich auch dabei, dich von anderen Dingen zu trennen, zum Beispiel von der Vergangenheit, Gedanken, Einstellungen oder Emotionen. Weil durch das Loslassen von Gegenständen auch wieder Luft in deinem Herzchen sein wird. Tipps zum Ausmisten: Nimm dir Zeit und wirklich jeden noch so kleinen Gegenstand in die Hand. Stell dir dann folgende drei Fragen: Macht dich der Gegenstand glücklich? Benutzt du den Gegenstand wirklich? Würdest du ihn dir neu kaufen, wenn er verloren gehen würde? Wenn du mit Nein antwortest, weißt du, dass du loslassen kannst. Stelle dir vor dem Ausmisten vier Kisten bereit für „Behalten", „Verkaufen/Verschenken", „Wegwerfen" und „Bedenkzeit". Du kannst dir ja eine gute Freundin suchen und mit ihr gemeinsam die Challenge machen. Viel Spaß beim Loslassen!

DU

bist

wunder

SCHÖN

Liebes Tagebuch,

ich möchte dir eine kleine Geschichte erzählen. Heute habe ich mich nämlich wirklich über mich selbst erschrocken.

Ich war auf Instagram unterwegs. Auf einer Plattform, bei der ich sehr häufig mal reinschaue. Schon seltsam, dass man seine Zeit damit verbringt, und zwar gar nicht mal so wenig Zeit, Fotos von anderen Menschen anzuschauen, die man im Zweifel nicht mal kennt. Noch seltsamer ist es aber, dass man sich selbst automatisch mit den Leuten auf diesen Bildern vergleicht oder sie auf einen schier unerreichbaren Thron stellt. Man schaut sich die Bilder an und fühlt sich schlechter, weil man auch so toll aussehen will, auch so schöne, viele, teure Klamotten haben will oder auch an so viele Orte reisen möchte.

Dass die Fotos dort eigentlich eine völlige Verzerrung der Realität darstellen, das weiß eigentlich jeder. Trotzdem ist es einem in dem Moment, in dem man den Feed gerade runterscrollt, einfach nicht bewusst. Man vergisst es schlichtweg, befindet sich in einer völlig fremden Welt und lässt sich von dieser Welt auf- und leersaugen.

Jeder möchte sich dort von seiner besten Seite zeigen oder von einer Seite, von der man wünscht, sie wäre ein Teil von einem. So stellt man sich für die eigenen Fotos schon mal schnell auf die Zehenspitzen, damit die Beine etwas gestreckter aussehen. Hohlkreuz, Brust raus und zu guter Letzt noch einen Filter drüber. Oder auch zwei. Vielleicht muss man die Haut noch etwas weicher zeichnen, die Pickel entfernen, die Taille schmaler schummeln. Hinzu kommt noch die perfekte Location – Orte, an denen jeder mal sein möchte –, das Dauerstrahlen und das durchweg glückliche Leben, welches uns gezeigt wird.

Aber das gilt nicht nur für Instagram, sondern auch für Social Media generell. Vielmehr unterstützt Social Media das, was in anderen Medien schon lange passiert. Model-Casting-Shows im Fernsehen oder Jugendzeitschriften suggerieren uns schon in unserer Pubertät, dass wir nur dann gut genug sind, nur dann eine Runde weiterkommen und nur dann Anerkennung finden, wenn wir so aussehen wie das Ideal, das dort verkörpert wird. Und diese Ideale werden immer krasser, immer realitätsferner.

War es ursprünglich angesagt, immer dünner sein zu wollen, mischt sich dieser Trend nun mit dem amerikanischen Kardashian-Style. Du sollst nun also nicht nur dünn sein, es bedarf nicht nur einer Oberschenkellücke, sondern auch noch großer Brüste und eines übergroßen Pos. Ohne Operation kaum möglich. Ein Schein des Perfektseins, das nicht Wirklichkeit ist und nicht sein kann.

Dessen war ich mir bewusst. Ich war mir im Klaren darüber, wie viel auf Instagram und in den Medien verzerrt wird, wie viel an den Bildern tatsächlich bearbeitet wird, schließlich lud und lade ich selbst ständig Bilder auf die sozialen Plattformen hoch. Alles ganz offensichtlich – das dachte ich zumindest.

Doch dann bin ich auf ein ganz besonderes Bild gestoßen und habe gemerkt, wie sehr auch ich von dieser inszenierten Scheinwelt geblendet war.

Auf dem Bild war eine Frau in Unterwäsche vor einem Spiegel zu sehen, welche sich in zwei verschiedenen Positionen zeigte. Eine total schlanke, durchtrainierte Frau, die perfekt in das Instagram-Klischee reinpasst.

Auf der linken Seite des Bilds posierte sie so, wie man es von vielen anderen Instagram-Bildern kennt. Das eine Bein vor das andere gestellt, den Fuß gestreckt, Brust raus, Po nach hinten. Ein schon fast normaler Anblick auf dieser Plattform, jedoch kein normaler Anblick in der realen Welt – was mir übrigens in meinem letzten Strandurlaub erstmals wieder bewusst geworden ist.

Auf der rechten Seite des Bilds aber posierte sie nicht. Sie stand ganz normal dort, die Füße schulterbreit nebeneinander. Auf diesem Bild sah sie beinahe aus wie ein anderer Mensch – mit einer ganz normalen und doch wunderschönen Figur.

Irgendwie konnte ich meinen Augen kaum trauen und war gleichzeitig unglaublich erschrocken darüber, dass ich so irritiert war. Auch ich war völlig geblendet. Auch ich dachte, dass die Personen auf den unzähligen Bildern, die immer und immer wieder in meinem Feed aufblitzen, auch in jeder Lebenslage genau so aussehen, wie sie es auf diesen Bildern tun.

Ich dachte daran, wie ich selbst immer vor dem Spiegel stehe. Mich von vorne betrachte, mal mit eingezogenem Bauch, mal ganz normal. Mich von der Seite betrachte, meinen Oberkörper kerzengerade anspanne und meinen Po nach hinten schiebe. Ist es nicht traurig, dass man seinen Körper oftmals nicht mit Liebe und Stolz betrachtet, sondern vielmehr herablassend und voller Kritik begutachtet?

Ich kann hierbei nur für mich als Frau sprechen, wenngleich dies bestimmt nicht ein Problem aller Frauen ist. Ich habe oftmals das Gefühl, dass man sich das Frausein hart erarbeiten muss, als könnte man es auf eine besondere Art und Weise erwerben. Als Vorbild für die Weiblichkeit nehmen sich vor allem die jüngeren Mädels ein Beispiel an dem, was uns Social Media bietet. Dabei wird schnell vergessen, was Weiblichkeit wirklich bedeutet, für mich ist sie wohl immer eine Frage der Identität.

Weiblichkeit sollte nicht an seltsamen, äußeren Attributen festgemacht sein. Um weiblich zu sein, muss man keine langen Haare, die bis zum Po reichen, oder volle Lippen haben. Dazu gehört auch kein großer Busen oder ein Kardashian-Po. Auch ungeschminkt und in Schlabberklamotten bist du weiblich und wunderschön. Weiblichkeit, Frau sein – das ist völlig unabhängig von deinem äußeren Erscheinungsbild.

Sich vor den Spiegel zu stellen und den Menschen, den du dort siehst, einfach nur liebevoll zu begrüßen, das war für mich lange Zeit überhaupt nicht möglich und ist auch heute noch an manchen Tagen gar nicht mal so leicht. Dabei tut es so gut. Sich anzuschauen, richtig in die eigenen Augen zu schauen und sich selbst zu sagen: „Ich vertraue dir. Du bist wundervoll." Es ist so schade, dass wir uns selbst häufig abwerten.

Ich dachte daran, dass ich mich ständig fragte, wie die Frauen auf ihren schönen Fotos es schafften, so makellose Körper zu haben

– und das, obwohl sie sich ständig beim Burgeressen fotografierten. Ich meine, ich mache schließlich auch Sport und ernähre mich gesund. Trotzdem begrüßt mich nicht nur eine Speckrolle, wenn ich mich mit meiner High-Waist-Hose hinsetze.

In diesem Moment wurde mir etwas schlagartig bewusst: Ich hatte vergessen, dass diese Fotos inszeniert sind. Nicht real. Und dann wurde mir klar, wie unglaublich unwichtig und energieverschwendend all diese Gedanken doch eigentlich sind. Und wie viele Gedanken am Tag sich genau darum drehen. Welch ein Wahnsinn! Denn nur ein Wahnsinniger würde sich selbst fertigmachen.

Wir merken gar nicht, wie normal dieses Denken für uns geworden ist, wie beiläufig und unterbewusst sich dies immer und immer wieder abspielt. Es ist normal, dass wir uns diese realitätsverzerrenden Bilder anschauen und sie trotzdem für real halten. Dass wir uns ständig denken, wir selbst könnten nie so aussehen, und uns dadurch schlechter fühlen – ganz gleich, ob wir das, was wir sehen, wirklich als schön empfinden oder nicht. Aber es wird als das Ideal ausgegeben.

Die Social-Media-Welt ist durch Plattformen wie Instagram und Tinder eine so unglaublich oberflächliche Welt geworden, die wir selbst aber dazu gemacht haben. Wir entziehen uns dem nicht, sondern packen lieber selbst noch einen Filter auf unser Foto, bevor wir es hochladen. Und ich will gar nicht daran denken, was für Kommentare auf mich zukämen, wenn ich meinen Bauch auf einem Foto mal nicht einziehen würde.

Das Bild eines scheinbar normalen Menschen ist so verzerrt, dass man sich als tatsächlich normaler Mensch schon fast schlecht fühlt, wenn man ein nicht inszeniertes und unbearbeitetes Foto hochlädt. Ja, vielleicht haben einige auch Angst davor, sich so zu zeigen, wie sie wirklich sind. Aus Angst vor Ablehnung – mit der Folge, sich nicht akzeptiert und geliebt zu fühlen. Und dann gibt es da all die meist jungen Menschen, die sich selbst gar nicht mehr sehen können. Ihr Selbstbild ist so zerstört, dass sie sich fast zu Tode hungern oder sich selbst verstümmeln.

Ich erinnere mich noch gut an den kleinen Shitstorm, der über mich hineinbrach, nachdem ich ein Foto in einer High-Waist-Jeans und einem bauchfreien Oberteil hochgeladen hatte. Zu diesem Zeitpunkt hatte ich gerade meinen Höhepunkt auf der Waage erreicht: 20 Kilogramm mehr als noch zwei Jahre zuvor. Gleichzeitig hatte ich mich zu diesem Zeitpunkt aber so sehr mit mir selbst angefreundet, dass ich mich unglaublich wohlfühlte. Nach einem langen Tief fing ich endlich wieder mit meinem eigentlich so geliebten Sport an und ernährte mich wieder gesund. Achtete auf mich.

Auf diesem besagten Foto hatte ich meinen Bauch nicht eingezogen, es war kein Sixpack zu sehen, sondern ein ganz normaler Bauch. Du glaubst nicht, was ich mir in den Kommentaren unter diesem Bild durchlesen musste. „Du fette Sau" – das war es eigentlich, was die vielen Kommentare ausdrücken wollten.

Menschen verlieren ihre Hemmungen durch die Anonymität im Internet. Was mir aber durch dieses Bild und diese Kommentare darunter klar wurde, ist, dass viele nur das perfekte Bild eines Menschen betrachten wollen. Es ist so verrückt.

Auf der einen Seite möchten die User schöne, ästhetische Fotos sehen, womit sie sich gleichzeitig abwerten und selbst schlechter fühlen. Auf der anderen Seite wird mehr Authentizität gefordert und nach Orientierung gesucht. Lädt nun jemand aber ein Bild hoch, welches völlig ungestellt und natürlich ist, auf dem man vielleicht ein Speckröllchen oder einen Pickel erkennt oder feststellt, dass – oh, mein Gott! – sich die Beine der Frau auf dem Bild berühren und sie keine Oberschenkellücke hat, so wird dies zwar einerseits als supermutig anerkannt, andererseits gleichzeitig wieder total schlecht gemacht.

Schau dir dieses Kapitel mal genau an! Ist dir aufgefallen, dass es in meinem ganzen bisherigen Text nur um Äußerlichkeiten ging? Diese Oberflächlichkeit führt uns so unglaublich weit weg von uns selbst, dass wir vergessen, weshalb wir eigentlich auf dieser wunderbaren Welt sind. Wir vergessen uns selbst, unser Selbst. Sie bringt uns so weit, dass wir nicht nur andere auf Äußerlichkeiten reduzieren, sondern auch uns selbst.

Ich erlebe es täglich – nicht in meinen eigenen Gedanken –, sondern in den erschreckend vielen Kommentaren meiner Zuschauer. Unter Videos, unter Fotos oder in privaten Nachrichten.

„Wäre ich doch auch nur so schön wie du, aber ich bin leider hässlich", „Du hast leicht reden, ich kann mich nicht selbst schön finden mit meiner krummen Wirbelsäule" – das sind nur zwei Beispiele.

Es kommt mir schon fast vor wie ein neu aufgezogenes Bewertungssystem. Es wird ständig bewertet und beurteilt. Mir ist aufgefallen, dass man sich selbst bewertet, wenn man andere bewertet. Diese Person ist schön – ist sie schöner als ich? Dann bin ich nicht schön. Und damit nicht genug. Ich bin nicht nur für andere nicht genug, sondern vor allem für mich selbst nicht.

Das Schlimme: Es bleibt ja meist nicht bei den eigenen Gedanken, die man gegen sich und andere hegt – es geht im realen Leben weiter. Man lästert, beurteilt Menschen anhand ihres Äußeren. Und das mit Sicherheit, um sich auf- oder abzuwerten.

Ich bin mir ziemlich sicher, dass es Oberflächlichkeit schon immer gegeben hat. Der Wert einer Person wurde schon oft – und vielleicht sogar schon immer in der Geschichte – an ihrem Hab und Gut festgemacht. Und ja, auch in der Natur bekommt das schönste, prachtvollste Männchen das Weibchen ab.

Aber heute, heute verfallen wir nicht nur dem Bild eines nicht existenten Menschen, sondern messen unseren eigenen Wert häufig auch noch an unseren Like-Zahlen. Die Likes als Währung – und dafür sind viele junge Menschen bereit, ihr Portemonnaie aufzumachen und zu bezahlen. Ein verzweifelter Kampf um Anerkennung, die wir uns selbst nicht zugestehen. Das gekaufte Like ist wie gekaufte Liebe, beides führt nicht zur Erfüllung und hat mit Liebe und Anerkennung wirklich gar nichts zu tun. Und, liebes Tagebuch, du weißt gar nicht, wie froh ich bin, dass meine Generation gerade eben noch so daran vorbeigerutscht ist. Denn als ich zur Schule ging, wurde der eigene Status noch nicht so wie heute an Like-Zahlen gemessen.

Man vergisst die Realität völlig. Social Media ist häufig ein Rückzugsort. Man schaut sich YouTube-Videos in seiner Freizeit an und nutzt Instagram, um dabei abzuschalten. Also blendet man das reale Leben völlig aus, weil man es gar nicht mehr beachtet.

In solchen Momenten vergisst man auch, dass jeder, aber auch wirklich jeder einzelne der Milliarden Menschen auf diesem Planeten ganz einzigartig und individuell ist. Dann versteift man sich auf ein Bild, auf dieses eine Bild, dem Tausende Leute nacheifern wollen. Einem Bild einer Person, die in der realen Welt so niemals existieren kann.

Man kennt die Menschen, die sich dort zeigen, nur so, wie sie sich eben zeigen wollen. Man sieht nur die schönen Seiten, das glückliche Leben, und vergisst, dass hinter diesen Menschen eine Geschichte steckt, dass sie echte Menschen sind und irgendwie auch genau so sind wie du und ich.

Wenn man sich das so vor Augen führt, ist es doch unglaublich, dass wir uns in einem ständigen Wettkampf um etwas befinden, was schier unerreichbar ist. Statt sich das zu nehmen, was gleich vor unserer Nase auf uns wartet. Die Selbstliebe.

Diese ganze Scheinwelt bringt uns dazu, unseren Körper nur noch als Accessoire wahrzunehmen, als einen hübschen Schmuck, der zeigen soll, wie makellos wir sind. Dabei sind wir nicht mehr als unsere überlebenswichtigen Helfer. In unserem Wahn schütten wir uns lieber mit chemisch hergestellten Proteinshakes zu, verzichten auf Nährstoffe oder gar auf ganze Mahlzeiten, anstatt uns die Zeit zu nehmen, unseren Körper und somit unseren Motor mit natürlicher Energie zu versorgen.

Wenn wir andere so sein lassen können, wie sie sind, und uns selbst so akzeptieren, wie wir sind, dann fühlen wir uns mit Sicherheit gleich schon viel glücklicher. Es ist doch wunderbar, wenn du einen Menschen schön findest. Das sollte aber nichts daran ändern, dass du dich selbst nicht auch schön findest.

Es gibt nicht nur ein einziges Mal die Auszeichnung „schön“. Schönheit kennt doch gar keine Definition und ich finde, dass es die auch gar nicht geben sollte. Vor allem aber sollte Schönheit nicht an äußeren Merkmalen festgemacht werden. Es können also mehrere Dinge gleichzeitig schön sein, ohne dass eines schöner sein muss als das andere. Sobald wir in der Lage sind, das zu akzeptieren, können wir unser Leben viel leichter bestreiten und vor allem auch genießen.

Wir sind nun mal alle einfach nur ein Haufen von Zellen. Es liegt doch gar nicht in unserem Ermessen, andere Zellhaufen zu beurteilen oder zu bewerten. Uns schon gar nicht über- oder unterzuordnen oder zu richten.

Dennoch ist Social Media keine Schande, keine schlechte Sache – nur sollten wir es richtig benutzen. Mehr Freude miteinander teilen, statt Missgunst zu empfinden, und mehr Individualität zeigen und leben, anstatt die Plattformen zu einem einzigen Vergleichswettbewerb zu machen.

Es geht in der Kunst des Lebens nicht und niemals um Äußerlichkeiten. Ich erwähnte schon einmal, dass Äußerlichkeiten das Vergänglichste überhaupt sind. Die Veränderung hingegen ist beständig, auch wenn das ziemlich paradox klingt. Alles ist im Wandel. Während du das hier liest, sterben in deinem Körper innerhalb einer Minute rund 50 Millionen Zellen ab und beinahe genauso viele Zellen werden wieder neu geboren – ohne dass du bewusst etwas dafür tun musst. Wir lernen jede Sekunde, ohne es bewusst zu merken. Wir reifen und wachsen. Jeden Moment.

Indem wir uns aus unserer eigentlichen Welt flüchten, entfernen wir uns von unserem Bewusstsein über uns selbst. Hinein in eine Welt, die es so gar nicht gibt, an der wir aber krampfhaft festhalten. Wir stellen uns so dar, wie wir wahrgenommen werden wollen – auf der Suche nach Anerkennung.

Wir verändern uns also – permanent. Nein, damit meine ich nicht, dass unsere Haut im Laufe der Zeit altert, damit meine ich unser Selbst.

Wer entscheidet zwischen „perfekt“ und „unperfekt“?

Kannst du dir vorstellen, wie es wäre, wenn du ganz bei dir bist?

So ganz bei dir, im Reinen mit dir selbst. Ohne dich vergleichen zu müssen. Ohne ständig in den Spiegel schauen zu müssen und ohne deinen Wert an deinen eigenen Äußerlichkeiten zu messen.

Fangen wir mit einer Liste an: Wenn es auch bescheuert klingen mag – das hat mir persönlich schon echt weitergeholfen. Schreibe auf, was du an dir magst. Mach mit und probier es doch gleich im folgenden Aktivteil aus. Und selbst wenn du anfangs nur aufschreibst, dass du deine Fingernägel, deinen linken Zeh oder deine Ohren schön findest, wird sich die Liste mit der Zeit erweitern. Weil du weicher, sanfter und liebevoller zu dir selbst sein wirst und dich vielleicht mal durch die Augen der Liebe betrachten kannst, statt dich ständig zu kritisieren.

Und nach einer Zeit wirst du merken, dass das Wunderschönste an dir dein Innerstes ist. Ganz losgelöst von allem Äußeren.

Eine Regelung, wie es sie in Frankreich nun schon gibt, dass retuschierte Modelfotos gekennzeichnet werden müssen, ist zwar ein Anfang, ein Schritt in die richtige Richtung. Wird aber in uns selbst wenig auslösen, weil wir nämlich genau das verdrängen. Die Lösung steckt nur in dir selbst.

Du hast die Wahl. Immer. Wähle dich selbst, denn du lebst dein Leben und nicht das der anderen. Und glaube mir, die Welt interessiert es nicht, was du wählst. Aber dein Leben kann es verändern.

WENN DER FEED STRESS AUSLÖST

Social Media, irgendwie Fluch und Segen zugleich, oder was meinst du?

HAND AUFS HERZ: WIE VIELE STUNDEN VERBRINGST DU AUF SOCIAL MEDIA? MALE AUS!

0 1 2 3 4 5 6 7 8+

Na ... warst du wirklich ehrlich? Hast du auch bedacht, wie oft du zwischendurch mal schnell Instagram und Facebook abcheckst, um auch ja nichts zu verpassen? Selbst während wir schon mit einer Sache beschäftigt sind, wir im Unterricht sitzen oder eine Serie schauen. Oder noch mal schnell vor dem Zu-Bett-Gehen. Unser Smartphone begleitet uns oft sogar aufs Klo. Also: Wie oft schaust du wirklich zwischendurch auf Social Media?

WÜRDEST DU EIN UNBEARBEITETES BILD HOCHLADEN? WENN NEIN, WARUM NICHT?

____

____

FÜHLST DU DICH MANCHMAL SCHLECHT, WENN DU DURCH DEINEN FEED SCROLLST?

☐ Nein ☐ Manchmal ☐ Ja

WIE OFT DENKST DU AN DEIN EIGENES AUSSEHEN UND DEINE FIGUR, WÄHREND DU BILDER ANDERER MENSCHEN ANSCHAUST?

Nie		Manchmal		Immer
☐	☐	☐	☐	☐

Social Media begleitet uns ständig. Ich finde die Möglichkeiten, die wir dadurch haben, wirklich großartig. Wir können uns überall mit Menschen auf der ganzen Welt vernetzen. Wir können uns inspirieren lassen und unser Leben mit Freunden oder eben sogar mit der ganzen Welt teilen. Doch geht es leider oft in die falsche Richtung. Du fühlst dich schlecht, wenn du durch deinen Feed scrollst? Wenn du all die schlanken, glücklichen Menschen siehst, die jeden Tag zum Sport gehen und sich ausschließlich gesund ernähren? Denkst du dadurch an dein eigenes Leben und fragst dich, wieso du nicht so toll bist und dein Leben nicht so perfekt meisterst wie die anderen Menschen auf den sozialen Plattformen? Social Media bedeutet oft Stress – ohne dass wir es merken. Das ständige Vergleichen und das Gefühl, dass wir immer mehr brauchen, nie genug bekommen, nie genug besitzen und selbst nie genug sind. Wie wäre es mal mit einer kleinen Auszeit?

Als ich mir eine Auszeit von Social Media genommen habe, indem ich mein Smartphone einfach mal einen Tag lang ganz ausgelassen habe, konnte ich mich bereits mit ganz anderen Augen betrachten. Ich war viel weniger gestresst, weil nicht ständig irgendwas vibrierte oder Töne von sich gab und vergleichen konnte ich mich in der Form auch nicht mehr, weil ich mein eigener Maßstab war. Ich kann dir nur ans Herz legen, dein Smartphone – vor allem in Zeiten, in denen du entspannen magst – einfach mal auszuschalten. Und wenn du dein Smartphone nicht ganz ausmachen willst, dann gönne dir einfach einen Tag lang offline – ganz ohne Internet!

SCHAU NUR AUF DICH!

Vergleichst du dich oft mit anderen? Was löst das für Gefühle aus und wie könntest du besser damit umgehen?

ICH VERGLEICHE MICH OFT MIT ...	DADURCH FÜHLE ICH MICH ...	ICH WERDE BESSER DAMIT UMGEHEN, INDEM ...
BEISPIEL ... Lisa und ihrer schmalen Figur.	... unwohl und weniger wert.	... ich nicht mehr auf andere schaue und mich so liebe, wie ich bin.

Sieh dich endlich selbst! Viel zu oft schauen wir gar nicht auf uns selbst, sondern auf andere Menschen. Aber nicht unbedingt, weil wir uns für ihr Leben interessieren, sondern weil wir unsere Schwachstellen mit ihren vergleichen. Wir schauen bei anderen Menschen unbewusst zuallererst auf die Dinge, die uns bei uns selbst stören und lassen dabei automatisch schon das Selbstzerstörungsprogramm laufen.

TRAU DICH!

Indem wir damit beschäftigt sind, uns Gedanken darüber zu machen, was andere wohl über uns denken könnten, obwohl andere sich genau dieselben Gedanken machen und somit niemand überhaupt auf den anderen achtet, verschwenden wir ein unglaubliches Maß an Energie.

Inzwischen ist es mir wirklich ganz egal, was andere von meinem Aussehen und Auftreten halten, wenn ich vor die Tür gehe. Jedoch war das nicht immer so. Mir hat es sehr geholfen, erst in einer sicheren Umgebung mit auffälligen Styles rumzulaufen. Ich habe mich immer wieder im Spiegel angeschaut und zu meiner Lieblingsmusik getanzt und dadurch ein ganz anderes Gefühl für mich bekommen, mich irgendwie selbstsicherer gefühlt.

Also, trau dich! Zieh das an, was du magst, und style dich so, wie du magst, ohne auch nur daran zu denken, wie andere das bewerten könnten. Laufe damit den ganzen Tag in der Wohnung rum und schaue dich immer wieder im Spiegel an, fühl dich, tanze damit und mache dir laut deine Lieblingsmusik an! In solchen Momenten höre ich zum Beispiel total gerne Hannah Montana, YEAH!

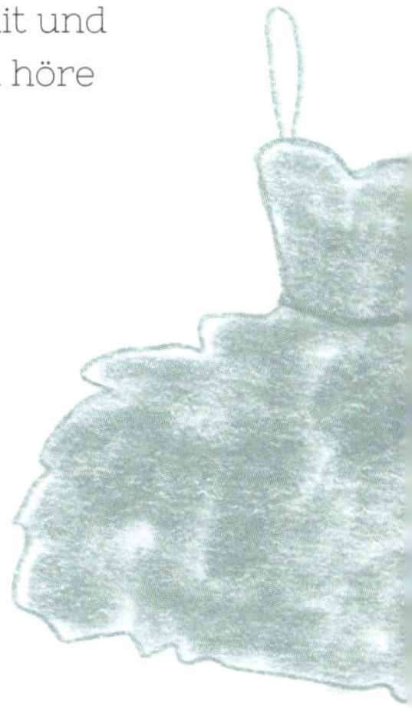

DEIN KÖRPER ALS EIGENSTÄNDIGES WESEN

Stell dir vor, dein Körper wäre ein eigenständiges Wesen. Denke daran zurück, was er die ganzen letzten Jahre mitgemacht hat. Er hat dich viele Kilometer weit getragen, hat vielleicht unter Schlafmangel, hoher Belastung und schlechter Ernährung gelitten, Tränen ausgehalten und ist trotzdem immer noch für dich da.

WENN ER SPRECHEN KÖNNTE: WAS WÜRDE DEIN KÖRPER DIR ERZÄHLEN, WENN DU IHN FRAGST, WAS ER FÜR DICH AUSHALTEN MUSSTE? WO GAB ES KRITISCHE SITUATIONEN?

WAS WÜRDEST DU DEINEM KÖRPER GERNE SAGEN? WOFÜR BIST DU IHM DANKBAR?

WAS MÖCHTEST DU IN ZUKUNFT TUN, DAMIT ES DEINEM KÖRPER RICHTIG GUT GEHT?

Zu schnell nehmen wir unseren Körper als selbstverständlich an. Schließlich funktioniert er selbst dann, wenn wir ihn mit regelmäßigem Fast-Food-Konsum, negativen Gedanken und zu wenig Bewegung bestrafen. Wir entfernen uns und nehmen unseren Körper schlichtweg als Accessoire wahr, merken gar nicht, was er für uns tut und wofür er eigentlich da ist.

Auf den sozialen Plattformen ist der Körper oftmals einfach nur etwas, mit dem du dich nach außen präsentierst – wie eine Handtasche, die deinen inneren Wert widerspiegeln soll. Der Körper muss perfekt aussehen, genau wie das Ideal, welches uns heutzutage verkauft wird. Aber: Wir müssen gar nichts. Und was bedeutet perfekt? Schluss mit dem Selbstoptimierungswahnsinn, hallo, Leben! Schließlich halten wir unser Haus auch nicht nur von außen schön. Wohnen müssen wir immer noch in ihm drin.

DIE EINE FRAU HAT GRÖSSERE, DIE ANDERE KLEINERE BRÜSTE. EINE HAT EIN BREITERES BECKEN, EINE ANDERE EIN SCHMALERES. ES GIBT GROSSE UND KLEINE MENSCHEN, KURVIGE MENSCHEN, SCHMALE MENSCHEN. WER LEGT DENN NUN FEST, WIE ALLE AUSZUSEHEN HABEN?

Du hast alles, was du brauchst, und bist wundervoll, genau so wie du bist. Umarme dich selbst!

LIEBESBRIEF AN DICH

Eine für uns häufig enorm schwierige Aufgabe ist, einen Liebesbrief an uns selbst zu verfassen. Doch genau das wird deine nächste Übung sein!

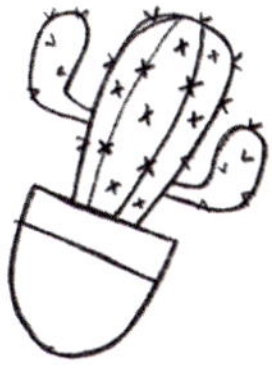

Schreibe auf, was du an dir liebst, was du an dir schätzt und wofür du dankbar bist. Wenn dir auf Anhieb nicht so viel einfällt, dann gehe noch mal in dich und mache dich frei von den Meinungen und Äußerungen anderer Menschen. Denk dran: Du bist wundervoll!

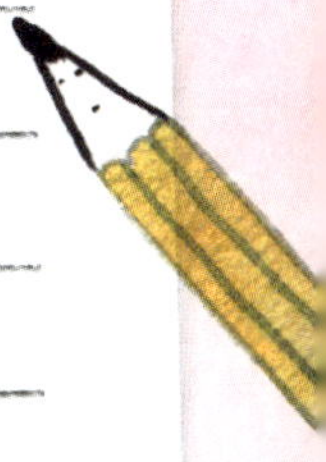

wie
lange
ist für
immer?

Liebes Tagebuch,

ich habe mir sehr lange den Kopf darüber zerbrochen, was Liebe eigentlich bedeutet. Was ist Liebe? „Entweder man spürt es oder man spürt es nicht", wird oft gesagt, aber bedeutet Liebe nur dieses Kribbeln im Bauch? Dieses unbeschreiblich schöne Kribbeln im Bauch, das Dauergrinsen und die rosarote Brille? Diese Frage hat mich manche Nächte um den Schlaf gebracht, doch inzwischen kenne ich sie, die Bedeutung der Liebe.

Ich habe drei Jahre meines Lebens in einer Fernbeziehung gelebt, gelitten und geliebt. Wir kannten uns von der Schule. Seit der Oberstufe waren wir gute Freunde: Wir haben einige Kurse zusammen belegt und immer viel rumgealbert. Angefangen hat alles allerdings auf einer Party, um genauer zu sein auf der ersten Party in unserem allerletzten Schuljahr. Wir waren schon immer total gerne zusammen feiern, haben viel zusammen getanzt und gelacht, doch dieses Mal war es anders.

Aus Freundschaft wurde Liebe, obwohl schon da klar war, dass er nach Amerika gehen würde und uns schon bald Tausende Kilometer trennen würden.

Leon ist ein guter Fußballspieler und hatte sich für seine große Leidenschaft Fußball ein Stipendium erkämpft. Er bekam die einmalige Chance, mit seinem Sportstipendium in den USA zu studieren. Und so ging er für vier Jahre nach Amerika.

Die Tatsache, dass er bald gehen würde, stellte die Beziehung von Anfang an auf die Probe. Ich hatte keine Lust auf eine Fernbeziehung, ich hatte keine Vorstellung davon. Und überhaupt: Wieso sollte ich mir all das antun? Ich bin schließlich ein absoluter Beziehungsmensch. Wie soll das gehen, wenn ich meinen Partner nie sehe?

Beziehung bedeutet für mich, dass man miteinander sein kann und doch auch mal zu zweit allein sein kann. Dass man sich aufeinander einlassen kann, füreinander da sein kann, sich gegenseitig stützen kann und gemeinsam eine Geschichte schreibt. Zusammen durch das Leben geht, zusammen durch Höhen und Tiefen geht.

Beziehung ist für mich auch Nähe – sowohl emotionale als auch körperliche Nähe. Klar kann man Nähe in ganz verschiedenen Situationen erleben, aber dieses Wissen darum, dass du nach Hause kommst und da jemand auf dich wartet, du nicht alleine einschlafen musst und jemand da ist, wenn es dir schlecht geht – das gab es in unserer Beziehung so nicht.

Leon sollte immer für vier Monate am Stück in den USA sein. Im Sommer war er drei und im Winter einen Monat zu Hause. Das bedeutete für uns, dass er zwei Drittel jedes Jahres in den USA sein sollte und nicht bei mir sein konnte. Eine lange Zeit des Nichtsehens, des Nichtfühlens, für ein Liebespaar.

So wurde es für mich ein ewiges Hin und Her, ein On und Off, indem ich mich nicht entscheiden konnte, was ich eigentlich wollte. In den Monaten, in denen er hier war, konnte ich mich zu Beginn nicht auf ihn einlassen: Es fühlte sich immer erst ein wenig fremd an. Ein fremder Mensch, mit dem ich eigentlich eine Beziehung führte. Was es gleichzeitig aber auch aufregend machte. Aber es fiel mir schwer, mich einfach fallen zu lassen, ich wollte mich nicht im Stich gelassen fühlen, wenn er wieder weggeht. Schließlich bin ich ja auch klargekommen, wenn er nicht da war. Und ich wusste ja, dass er wieder geht – immer und immer wieder.

Ich war hin- und hergerissen und völlig überfordert mit meinen Gefühlen.

Begonnen hatte all das in seinen letzten Wochen zu Hause, noch bevor er nach Amerika ging. Ganz unbewusst hatte ich Angst vor all dem, was auf mich zukommen würde. Es war wie eine Kurzschlussreaktion, die absolute Panik, bei der ich von dem einen auf den anderen Tag eine riesige Distanz zu ihm aufgebaut habe. Ich wollte mich nicht mehr so häufig mit ihm treffen und habe ihn als einfachen, guten Freund angesehen.

Ich trennte mich von ihm, noch bevor er das erste Mal nach Amerika ging. Ich konnte und wollte einfach keine Beziehung mehr mit ihm führen, wenn er geht.

Ich habe dir ja schon erzählt, dass Leon und ich bereits vor unserer Beziehung gute Freunde waren – und ja, tatsächlich haben wir uns in seiner ersten Zeit in Amerika auch nicht aus den Augen verloren. Zwar lebte er sein Leben dort und ich meins hier, das Vertrauen aber, was wir ineinander hatten, das blieb.

Als er nach den ersten vier Monaten nach Hause kam, ging das Bauchkribbeln wieder los. An einen Abend erinnere ich mich ganz besonders gern zurück.

Unser Wiedersehen fand nachts vor einem Club statt. Er war bereits seit einigen Tagen wieder in der Heimat, jedoch hatten wir uns bis dahin noch nicht gesehen. Ich weiß noch, wie ich aus dem Taxi ausgestiegen bin und ihn schon vor dem Club habe stehen sehen. Oh Mann, fing mein Herz an zu rasen, ich war so unglaublich aufgeregt, ihn nach all den Monaten wiederzusehen. Das Gefühlschaos war vorprogrammiert. Den ganzen Abend tanzten, lachten und alberten wir herum – es war so wunderschön. Daraufhin verbrachten wir den ganzen Winter zusammen, wurden wieder ein Paar, doch diese Angst vor dem Verlassenwerden, vor dem Alleinsein, war zu groß. Ich konnte es einfach nicht ertragen, ihn gehen lassen zu müssen, also trennten wir uns kurz nach seiner Abreise erneut.

Ich dachte, so könnte ich ihn schneller vergessen, mich auf andere Dinge konzentrieren. Die für mich augenscheinlich einfachste Lösung, um weniger leiden zu müssen.

War er zu Hause, konnten wir nicht ohne einander, war er wieder weg, habe ich mich anfangs kurz nach seiner Abreise immer wieder von ihm getrennt. Ich habe ihn mir dann oft sehr schlecht geredet, mich an seinen negativen Seiten hochgezogen. Aus Schutz und wegen der Angst davor, verletzt zu werden.

Angst ist der Gegenspieler von Liebe.

Ich hatte eine so riesige Angst vor dem Schmerz, den ich empfand, wenn ich ihn nicht sehen konnte. So eine riesige Angst vor der Einsamkeit, vor dem Verlassenwerden.

Ich hatte Angst davor, ihm mein Herz zu schenken. Emotionen zu zeigen macht einen verletzlich. Man muss alle Hüllen fallen lassen, seine Schutzmauer zum Einstürzen bringen und sein Innerstes zeigen. Seinen so verletzlichen und gut behüteten Kern. Und tatsächlich war es für mich erträglicher, ihn aus meinem Kopf zu verbannen, statt mich auf ihn einzulassen.

Unser Verhältnis zueinander war ein ganz besonderes. Wir verstanden uns blind, hatten den gleichen Humor, den gleichen Musikgeschmack und die gleichen Interessen. Niemand schaffte es, mich so zum Lachen zu bringen, wie er es tat. Wir hatten Insider, die wirklich niemand verstand, und hätten jeden Tag stundenlang nur quatschen können. Das wollte ich nicht aufgeben. Ich habe mich dann also nach einem Jahr On-/Off-Beziehung schließlich dazu entschieden, mich voll und ganz auf die Beziehung einzulassen. Auf eine Fernbeziehung, in der man den Partner liebt, ihn aber nicht sehen kann. Dass dies nicht einfach würde, das war klar. Dass ich mich dann aber so weit aufgebe, dass ich mein Glück nur noch von ihm abhängig machen würde, habe ich nicht gedacht. Ich habe mich so sehr in dieser Beziehung gesucht, dass ich mich dabei völlig verloren habe.

Liebe. Sie bedeutet keine Aufopferung. Sie bedeutet nicht, dass es nur noch dich und deinen Partner gibt, es gibt dich ja schließlich immer noch allein.

Ich habe meinen ganzen Tagesablauf nach ihm ausgerichtet, weil ich sehr darunter gelitten habe, dass ich das, was ich so sehr wollte, nicht haben konnte. Ich vermisste die Zärtlichkeiten, das gemeinsame Frühstück im Bett und das Einschlafen Arm in Arm vor dem Fernseher so sehr, dass es wehtat.

Mein Tag fand in der Nacht statt, damit ich die neun Stunden Zeitunterschied ausgleichen konnte. Mein Sommer begann erst dann, wenn er wieder da war, und endete mit seiner Abreise. Genau wie mein Winter.

Wir versuchten krampfhaft, einen Alltag über die Distanz herzustellen, den es eigentlich gar nicht gab, uns gemeinsame Erlebnisse zu verschaffen, die wir nicht gemeinsam erlebten. Wir teilten alles miteinander, wollten unbedingt füreinander da sein können. Und ob du es glaubst oder nicht, waren wir uns bei dem Wiedersehen doch immer wieder fremd, obwohl es niemanden gab, der mich besser kannte.

Jeder veränderte sich in der Zeit, die er allein auf der anderen Seite der Welt verbrachte. Und obwohl wir in den Zeiten des Getrenntseins alles in unseren stundenlangen Gesprächen über Facetime und Skype miteinander teilten, kannte man so viele Facetten des anderen nicht mehr. Neu erlernte Redensarten, Verhaltensarten und Gestiken, die man sich von seinem Freundeskreis angewöhnte. Einem neuen Freundeskreis, den der Partner nicht kannte, weil wir über die Monate hinweg beide neue Menschen kennenlernten.

In der ersten gemeinsamen Zeit nach der langen Distanz musste man sich erst wieder aneinander herantasten, man wurde der anderen Person gegenüber total schüchtern, was es aber gleichzeitig auch sehr reizvoll machte. Als gäbe es immer wieder ein erstes Date, immer wieder Schmetterlinge im Bauch und ein Kopfzerbrechen darüber, wie der andere einen wohl findet. Ich fühlte mich wie ein Teenager, der seinen Schwarm dazu bringen möchte, auf ihn aufmerksam zu werden, obwohl wir eigentlich schon eine Beziehung hatten. Bei unseren ersten Treffen habe ich mich besonders schön gemacht und extra schön angezogen. Wir wollten es beide perfekt machen und die Zeit, die wir haben, zu einer ganz außergewöhnlichen werden lassen.

Nach seiner Zeit zu Hause, nach seiner Abreise, blieb nur diese riesige Leere in mir zurück. Wir verbrachten stets jeden Tag zusammen, erlebten alles gemeinsam. War er hier, standen meine Freunde hintenan. Es gab keine großartig geplanten Verabredungen mehr, ich hätte dafür ja Leon-Zeit aufgeben müssen. Ja, und das hat sich wirklich wie ein Aufgeben angefühlt. Ich wollte doch ihn – und das voll und ganz. Nicht teilen, nicht mit meinen Freunden und schon gar nicht mit irgendwelcher Entfernung voneinander.

Ich stellte alle eigenen Bedürfnisse hinten an, damit ich jede Sekunde mit ihm genießen konnte. Eigentlich war diese Zeit eine schöne, wenngleich sie von Verzweiflung und Stress geprägt war.

Dinge, die wir eigentlich unternehmen wollten, wie zum Beispiel mit Freunden auszugehen, haben wir nicht gemacht, um immer nur mit dem anderen Zeit zu verbringen. Obwohl er endlich da war, wir endlich das hatten, dem wir monatelang entgegengefiebert hatten, blieb das Gefühl, Erfüllung zu finden, aus.

Die Erwartungen an diese kurzen gemeinsamen Momente waren zu gewaltig.

Wenn er in der Heimat war, dann, weil er Ferien hatte. Ich jedoch hatte keine Ferien. Ich war damals wie heute selbstständig, das heißt, ich konnte und kann mir meine Arbeitszeit frei einteilen. Diese habe ich dann so gelegt, dass ich oft gearbeitet habe, als er schlief, damit ich den Tag mit ihm und nicht mit meinem Job verbringen konnte. Ich wollte zwanghaft jede versäumte Minute mit ihm wieder aufholen, es war schon fast wie eine Verpflichtung.

War ich bei ihm in den USA zu Besuch, so hatte ich Ferien, er aber nicht. Er musste in die Uni und hatte seine Sport-Events, während ich alleine zu Hause in seinem WG-Zimmer saß – und was getan habe? Dreimal darfst du raten! Natürlich auf Leon gewartet. Meine Zeit habe ich viel mit meiner Arbeit verbracht, obwohl ich auch dort nicht so richtig produktiv sein konnte.

Und auch hier versuchten wir wieder, krampfhaft einen Alltag herbeizuzaubern, den es so gar nicht gab.

Einige Tage bevor Leon abreiste – man konnte die Uhr danach stellen –, gab es bei mir wieder einen Gefühlsumschwung. Ich konnte es einfach nicht ertragen zu wissen, dass er bald gehen würde. Ich fing wieder an, total abzublocken, konnte meine Gefühle nicht mehr zulassen und empfand ihn nur noch als eine große Last. In diesem Moment kam alles hoch. Die Nächte, die ich durchmachte, um meine Arbeit zu erledigen, um den Rest der Zeit für ihn da zu sein. Das totale Missachten der eigenen Bedürfnisse. Ich war genervt – von ihm und von mir selbst, weil ich mich zu schwach gefühlt hatte, um meinen Alltag trotz seiner Anwesenheit normal zu leben. Ich war genervt von der Angst – und das, obwohl ich so froh war, dass er bald weg sein würde. Warum? Damit ich endlich wieder durchatmen

konnte.
Ich verzweifelte aus Angst vor dem Schmerz.
Wenn er ging, wusste ich nichts mehr mit mir anzufangen. Es war, als würde mich ein Teil von mir verlassen. Als würde ich verlassen werden – so fühlte es sich jedes Mal an, was mich zugleich unglaublich wütend und traurig stimmte.
Ich habe meine eigene Wohnung versucht als eine gemeinsame aussehen zu lassen. Versuchte, ihn in den Einrichtungsprozess mit einzubinden, stellte überall Bildchen von uns auf und richtete seinen Nachttisch ein. Obwohl ich dort nur alleine war. Ich strich meine Wände nicht rosa, damit er sich auch wohlfühlt, und ließ ihm immer seinen Platz in meinem Kleiderschrank.
Wir glorifizierten unsere Beziehung, lebten in einer Traumwelt. Wir malten uns fast täglich unsere gemeinsame Zukunft aus, ja, wir lebten teilweise nur in dieser Zukunft, die nicht existent war. Dadurch haben wir das Jetzt vergessen.
Ich habe mein Lachen, meine Freude verloren, weil ich dachte, ich könnte ohne ihn nicht glücklich sein.
Wir machten doch eigentlich alles zusammen, was mache ich denn nun mit mir allein?
Abends lag ich oft auf dem Sofa, habe meine liebste Musik angemacht, die Wände angestarrt und mich so furchtbar einsam gefühlt. Einsam und irgendwie auch im Stich gelassen. Ich wünschte mir doch nichts sehnlicher als meinen Partner, der mich in den Arm nahm und mich alles um mich herum vergessen ließ. Oder wünschte ich mir doch nur irgendeinen Partner?
In dieser Zeit hatte ich oft das Gefühl, mein Leben würde einfach an mir vorbeiziehen, und na ja, irgendwie ist es das ja auch. Ich bin kaum mehr ausgegangen und habe mir dabei eingeredet, das läge daran, dass ich es einfach generell nicht mehr gern tat.
Ich bin in einem Alltag versunken, den es eigentlich gar nicht gab. Und obwohl ich alles nach ihm ausgerichtet hatte, habe ich auch noch ständig an meiner Liebe zu ihm gezweifelt, mich gefragt, was mich denn an dieser Person hielt und was mich immer wieder dazu

brachte, zu ihm zurückzugehen. Der Konflikt zwischen dem Frohsein, dass er weg war, und dem Vermissen wurde immer schlimmer.

Ich stellte immer und immer wieder alles infrage, hegte einen inneren Widerstand gegen alles. Das Einzige, was uns verbunden hat, waren unsere gemeinsamen Träume. Die Träume von einer bezaubernden gemeinsamen Zukunft. Es war ein Dilemma, ein innerer Konflikt, für das bzw. den ich keine Lösung gefunden habe.

Zweifel gehören dazu. Zweifel gehören dazu, um sich selbst zu überprüfen, ob man noch richtig läuft – doch sollte man sich nicht durch Zweifel verlaufen.

Doch genau das ist mir passiert.

Nach einer langen Zeit der Verzweiflung ist mir klar geworden, dass es so nicht weitergehen konnte. Die Beziehung beenden? Mit diesem Gedanken habe ich nicht gerade selten gespielt.

Ich kann dir nicht sagen, wie, warum und wann genau es passierte, aber, mein liebes Tagebuch, ich habe es geschafft, meine Gedanken zu verändern. Das Glück wieder in mein Leben eintreten zu lassen, zu tanzen, zu leben.

Ich konzentrierte mich auf mich selbst, fing an, wieder auszugehen und wieder zu mir zu finden. Ich gestaltete meinen Alltag neu – ganz so, wie es zu mir passte, nicht wie es zu ihm passte.

Ich sah keine grauen Farben mehr, ich sah von nun an wieder bunt.

Ich kaufte Blumen nur für mich, machte mich für mich selbst schön. Ich richtete mir meine Wohnung ganz nach meinem Geschmack ein, gestaltete meine Welt ein wenig mehr in Rosa.

Leon und ich sind uns sehr vertraut, wir haben über die Jahre hinweg alles miteinander geteilt, aber ... reicht das für die Liebe aus?

Ich hatte immer gedacht, es sei die pure Liebe, die mich diese Leere empfinden ließ, die mich so leiden ließ.

Durch diese Beziehung und das verbissene Erschaffen einer Traumwelt bin ich vor mir selbst weggelaufen. Ich konnte nicht mit mir alleine sein.

Aber: Was bedeutet denn jetzt eigentlich Liebe?

Liebe. Sie ist diese große, enge Freundschaft, die Leidenschaft, der

Humor, die Vertrautheit, die Verzweiflung und die Sehnsucht. Das ist Liebe mit all ihren Facetten. Liebe ist der Gegenspieler von Angst und die Angst bringt uns zum Davonlaufen, bringt uns weg von uns selbst und weg von dem Gedanken, alles schaffen zu können, was wir wollen.

Eine Liebe bedeutet, dass man oft an seine vermeintlichen Grenzen stößt, die man sich vorher schon in seinem Kopf gesetzt hat. Wo fängt eine Grenze an und wo hört sie auf? Doch sollte Liebe stets bedingungslos sein. Liebe. Sie ist losgelöst von jeglichen oberflächlichen Dingen, sie geht viel tiefer. Sie schenkt dir eine Heimat – egal, wo du bist. Liebe befreit dich von deinen Ängsten.

Jeder Mensch braucht Liebe und Zärtlichkeit. Das Gefühl, eine Person zu haben, die einem Schutz bietet. Jeder sehnt sich danach, sich fallen lassen zu können. Wir suchen jedoch ständig nach dem fehlenden Part, nach der Person, die uns vervollständigt, und vergessen dabei, dass wir in uns bereits vollständig sind. Wir lenken uns ab, entfernen uns von uns selbst, indem wir uns in einer anderen Person suchen.

Die Liebe zu einer anderen Person bringt dich nicht von dir weg. Bedingungslose Liebe ist leicht.

Ich habe für mich gelernt, dass ich mich auch selbst umarmen muss, mein Leben für immer mein eigenes Leben bleibt und ich mein Glück erst mal bei mir selbst finden sollte. Irgendwie wissen wir das, oder? Jedoch habe ich gelernt, dass dies eine größere Bedeutung hat, als ich eigentlich gedacht habe.

Wie sollen wir das Glück denn auch in einer anderen Person finden, wenn wir es nicht mal bei uns selbst finden? Den fehlenden Part, den kannst nur du selbst ausfüllen. Ein Partner kann dich ergänzen.

Wie ich es bis zu dem Punkt der Erkenntnis geschafft habe, das kann ich dir wirklich nicht beantworten. Ich habe all das nicht nur erkannt, sondern auch gefühlt. In mir fühlte es sich so schön warm an, ich war für mich selbst meine Heimat.

Vielleicht war es der Glaube daran, dass ich gut bin, wie ich bin, und dass ich mir selbst viel mehr Wert zusprechen darf. Vielleicht war es auch der Glaube daran, dass ich alleine stark bin, oder vielleicht war es der Glaube daran, dass der Glaube Berge versetzen kann.

Nein, ich bin noch nicht angekommen, ich bin noch nicht ganz im Reinen mit mir selbst, jedoch habe ich einen Weg dahin gefunden. Ich bin mir sehr sicher, dass ich immer mal wieder an einen Punkt komme, an dem ich zweifle. An mir, vielleicht sogar auch an der Liebe. An einen Punkt komme, an dem ich zu viel in eine andere Person hineininterpretiere. Jedoch bin ich mir auch sehr sicher, dass der Weg, den ich auf mich genommen habe, die Erkenntnis, die ich gewonnen habe, tief in mir verwurzelt bleibt. Ich vertraue mir. Das habe ich gelernt.

Die Fernbeziehung verlangte uns wirklich alles ab. Wir haben gekämpft, gelitten und geliebt, uns dabei aber niemals aus den Augen verloren. Wir haben den Kampf nicht verloren, die Distanz hat uns nicht besiegt, wir haben nicht aufgegeben. Wir haben gewonnen. Leon war schon immer ein Freund und ist heute ein besserer, als er jemals hätte sein können.

VERGISS DICH NICHT!

In einer Partnerschaft zu leben kann etwas Wunderschönes sein. Jedoch fangen wir viel zu schnell an, das Teilen von Erlebnissen in Abhängigkeiten zu verwandeln. Wir leben im Team, ein vielleicht großartiges Team, in dem jedoch häufig irgendwann der Einzelne untergeht. Du siehst dich selbst nicht mehr, bist nicht mehr vollständig ohne deinen Partner und stopfst den fehlenden Part in dir selbst, indem du dich komplett abhängig machst, lieb gewonnene Dinge aufgibst und dich im schlimmsten Fall sogar verlierst. Oft merken wir zu spät, wie viel wir bereits aufgegeben haben. Vergiss dich nicht!

Schreibe auf ein Blatt Papier eine Liste mit den Dingen, die du schon immer gerne gemacht hast und immer noch gerne machen würdest. Vielleicht kommen dir einige Dinge wieder in den Kopf, von denen du bereits vergessen hattest, wie gerne du sie machst. Plane dir diese wieder fest in deinen Alltag ein. Es ist so unglaublich wichtig, immer auch Zeit ganz für dich alleine einzuplanen. Vielleicht denkst du an dein Date mit dir selbst aus dem zweiten Kapitel oder deinen Orientierungsplan aus dem ersten Kapitel zurück.

BEFREIE DICH VON DEINEM SCHMERZ!

Viel zu häufig neigen wir dazu, unsere Gefühle zu unterdrücken, und verlernen dabei, unsere Gefühle zu fühlen. Es scheint, als sei die Verdrängung das einzige Licht am Ende des Tunnels, welches uns aus unserem Unglück befreit. Aber wie soll man vor seinen Gefühlen weglaufen?

Lass sie raus! Finde zuerst heraus, wo du deinen Schmerz empfindest. Was ist das für ein Schmerz? Hat sich dein Magen umgedreht, dein Hals zugeschnürt? Wenn du herausgefunden hast, wo dein Schmerz sitzt, dann konzentriere dich auf das nächste Einatmen und versuche, in deinen Gedanken deinen Atem an die Stelle zu bringen, wo du den Schmerz fühlst. Wenn du den Atem kurz dort gehalten hast, stoße all deinen Schmerz beim nächsten Ausatmen hinaus.

Diese Übung kannst du beliebig oft wiederholen, du wirst merken, dass dein Schmerz Stück für Stück verfliegt. Natürlich ist auch das keine „Einmal-atmen-Zauberübung". Du kannst diese Übung jedoch so oft machen, wie du das Gefühl hast, dass du sie brauchst.

LIEBESKUMMER ...

... ist ein ganz ekelhaftes Gefühl – vor allem weil man sich so furchtbar ohnmächtig fühlt. Ich habe mich oft dabei erwischt, dass ich versucht habe, meine Gefühle zu betäuben. Ablenkung ist ein wichtiger Punkt, aber nicht der einzige, den du ausleben solltest. Viel wichtiger ist es, sich dem Gefühl zu stellen, es ankommen zu lassen. Nimm ruhig ein großzügiges Bad in deinem Scheiß-Gefühl – tobe, schreie, weine. Es ist völlig gut so. Du darfst alle diese Gefühle haben, musst sie aber nicht behalten. Und KLAR – gibt es auch andere schöne Menschen, hihi.

Mich hat damals ein Spruch von Beyoncé motiviert. Sie stand auf der Bühne und erzählte über ihre negativen Erfahrungen mit der Liebe. Doch dann sagte sie, dass – egal, wie schlimm die Situation ist – du sie überleben wirst. You will survive, you are a survivor!
Du stehst nun im Vordergrund und brauchst endlich keine Rücksicht mehr auf irgendwen zu nehmen. Lass die Sau raus oder sperr sie ein – ganz egal, was, aber tu, was auch immer du tun magst.

Lass

DEIN

Herz

sprechen

Liebes Tagebuch,

ich bin in meinem Leben schon öfter mal an meine Grenzen gestoßen, habe einen riesigen Berg direkt vor mir gesehen und verzweifelt nach einem Weg drum herum gesucht.

Ich musste Entscheidungen treffen, von denen ich dachte, ich müsste sie für immer treffen. Und nun ja, ich bin keine Freundin davon, Entscheidungen zu treffen. Ich mag mich oft nicht mal im Restaurant entscheiden, ob ich nun Pizza oder Pasta essen möchte.

Kennst du das Gefühl, dass dir alles über den Kopf wächst, weil du denkst, du müsstest zu viele Entscheidungen in zu kurzer Zeit treffen? Entscheidungen, von denen du denkst, dass sie dein ganzes Leben beeinflussen werden, dass sie genau jetzt wichtiger sind als alles andere. Das Fass sprudelt mal wieder über und du kannst einfach nur zusehen, wie alles rausläuft. Ich war schon oft an diesem Punkt.

Bis zu dem Zeitpunkt, an dem ich wirklich eine Entscheidung treffen musste, die vieles veränderte. Eine Entscheidung, die ich für mich treffen musste.

Ich werde es niemals vergessen können, das Ereignis, welches mein Leben grundlegend auf den Kopf gestellt hat. Den Moment, von dem an alles um mich herum plötzlich stillstand, von dem an alles plötzlich so unwichtig schien und ich mich wirklich gefragt habe, was denn nun der Sinn sein soll, der Inhalt meines Lebens sein soll. Und überhaupt. Was das hier alles sein soll. Ist das alles bloß ein schlechter Scherz? Ich habe mich zum ersten Mal völlig ohnmächtig gefühlt.

Ich habe erfahren, dass ich schwanger bin. Das kam ziemlich unerwartet – für dich nun auch, oder? Aber fangen wir noch mal von vorne an: Ich möchte dir gerne die ganze Geschichte erzählen.

Ich habe meinen Freund Leon in Amerika besucht, es war die wohl schönste Zeit, die wir zusammen hatten. Wir sind rumgereist, haben viel gesehen und irgendwie, ja irgendwie haben wir uns nochmal neu ineinander verliebt. Für mich war es so, als hätte ich nach bald drei Jahren Beziehung die rosaroteste Brille auf, die ich jemals aufhatte, obwohl ich ihn vorher schon so sehr liebte, dass ich dachte, es ginge gar nicht mehr. Es kribbelte, es war so aufregend und wunderschön. Wie zwei Teenager auf geheimer Mission, die sich fühlten, als würde die Welt in diesem Moment nur ihnen beiden gehören.

Nach dieser wundervollen Zeit bin ich wieder nach Hause geflogen – und normalerweise bin ich nach der gemeinsamen Zeit in ein tiefes Loch gefallen. Ich fühlte mich ohne ihn leer, musste mein Leben ohne ihn erst mal wieder neu sortieren. Wenn wir Zeit gemeinsam verbrachten, dann waren wir wirklich jede Sekunde zusammen. Es gab dann nur uns zwei, zwei Menschen, die alles gemeinsam erlebten. Ihren Alltag gemeinsam bestritten, gemeinsam aufwachten, gemeinsam einschliefen. Ein unzertrennliches Team. Kein Wunder, dass man nach so einer innigen Zeit erst mal verwirrt ist und man vielleicht gar nicht so genau weiß, wo man hingehört, was man nun mit sich anfangen soll.

Dieses Mal war es anders. Nein, nein, ich vermisste ihn nicht weniger als sonst, aber ich fühlte mich so vollständig, verspürte keine Leere und war so nah bei mir selbst. Ein unbeschreibliches Gefühl.

Es schien, als könnte mich nichts aus der Bahn werfen. Es war schon fast unheimlich, wie ich die Welt von heute auf morgen mit anderen Augen betrachtet habe. Ich war so voller Liebe und Glück, dass ich förmlich platzte. Ich hätte die ganze Welt umarmen können und ging stets mit einem Grinsen im Gesicht durch die Straßen.

Es fühlte sich so an, als sei mein Leben gerade perfekt, obwohl ich merkte, dass etwas in mir anders war.

Nach ziemlich kurzer Zeit merkte ich, wie sich mein Körper veränderte, ich nahm plötzlich total viel ab. Wie sich mein Appetit veränderte, wie ich mich veränderte. Okay, zugegeben ist das bei mir gar nicht mal so ungewöhnlich. Kurz bevor ich meinen monatlichen Besuch von Frau Erdbeere bekomme, spielt mein Körper immer kurz verrückt. Ich durchlebe emotionale Hoch- und Tiefpunkte, Gewichtsschwankungen und Fressattacken. Meine monatliche hormonelle Krise habe ich sie liebevoll genannt. Doch meine Periode kam dieses Mal nicht.

Also machte ich einen Schwangerschaftstest.

Oh Himmel, es war bei Weitem nicht der erste Test, den ich je gemacht hatte. Ich hatte nämlich genau ein Jahr zuvor die Pille abgesetzt. Nicht, weil ich jetzt ein Kind kriegen oder mein Schicksal herausfordern wollte, sondern weil ich die Hormone nicht mehr vertragen habe. Außerdem habe ich meinen Freund drei Viertel des Jahres nicht gesehen, da erschien es mir wirklich nicht notwendig, meinen Körper weiterhin dem Hormoncocktail auszusetzen, schließlich gibt es auch andere Mittel, mit denen man eine Schwangerschaft verhindern kann.

Der Test war positiv. Liebes Tagebuch, du kannst dir gar nicht vorstellen, wie wenig ich mit diesem Ergebnis gerechnet habe.

Ich weiß noch ganz genau, wie mein Puls in die Höhe schoss, als ich das zweite kleine Strichlein auf dem Test entdeckte. Ich machte mich gerade im Bad fertig, um bald mit der Arbeit anfangen zu können. Die Welt stand in diesem Moment still. Mein Körper fing an zu beben, meine Hände zitterten und ich fühlte mich, als sei mein Kopf gerade in Watte gepackt, als würde ab jetzt nur noch ein Film ablaufen, in dem ich aber irgendwie die Hauptrolle bekommen hätte.

Ich habe gleich bei meiner Frauenärztin angerufen, da ich bereits von falschen positiven Tests gehört hatte und mich gar nicht in irgendein Gefühl hineinsteigern wollte, bevor ich nicht die absolute Gewissheit darüber hatte, was in mir vorging. Jedoch bestätigte sie mir die Schwangerschaft noch am selben Tag bei meinem Besuch bei ihr durch ein Ultraschallbild.

Es war unglaublich, diesen noch so kleinen schwarzen Punkt in mir drin zu sehen. Diesen kleinen Punkt, aus dem mal so viel werden soll, der nun zu einem Menschen heranreifen würde. In mir drin. Auch wenn der Ultraschall nur einen so kleinen Punkt zeigte, war es mein kleiner Punkt, den ich um alles in der Welt beschützen wollte, auch wenn ich eigentlich erst mal ganz andere Pläne verfolgte und Kinder erst um einiges später geplant waren. Und ja, auch wenn die Situation befremdlich und unvorhergesehen war, so fühlte ich mich irgendwie unglaublich reich und stark.

Weißt du, es war schon immer mein Traum, eines Tages Mutter zu werden. Ich habe so viel Liebe in mir, die ich nicht nur an meine Tiere, sondern irgendwann auch an meine Kinder weitergeben möchte.

Ich wusste schon, seit ich ein Teenager war, dass ich, egal, wie alt ich bin, niemals ein Kind abtreiben würde, egal, wie die Umstände dabei sind. Was nicht heißt, dass ich andere Frauen in der Situation nicht verstehen kann. Ich finde es gut, dass eine Frau heute eine Entscheidung treffen kann, wenn sie ungewollt schwanger geworden ist. Sie hat ja nicht die Möglichkeit, einfach so davonzulaufen, wie Männer das könnten.

Nun musste ich es meinem Freund erzählen, von dem ich nicht nur Zehntausende Kilometer getrennt war, uns trennten auch noch neun Stunden Zeitunterschied. Also quälte ich mich mit der Nachricht durch den Tag, bis er zwischen der Uni und seinem Fußballtraining Zeit für mich fand.

Ich war so aufgeregt und habe den ganzen Tag überlegt, wie ich es ihm nun sagen sollte. Vorgestellt hatte ich mir das schließlich auch ganz anders.

Ich habe mir schon als Mädchen ausgemalt, wie ich wohl eines Tages meinem Partner davon erzähle, dass wir Nachwuchs bekommen. Vielleicht indem ich einen kleinen Sneaker in den Flur neben seine stelle und warte, bis er von der Arbeit nach Hause kommt. Ihn dann damit überrasche und ihm voller Freudentränen den positiven Schwangerschaftstest zeige.

Doch die Umstände bei uns waren anders, weil ich wusste, wie er zu einer Schwangerschaft unter unseren aktuellen Bedingungen und in unserem Alter steht. Und er wusste eigentlich, dass ich niemals abtreiben würde. Ja, er wusste es.

Ich konnte ihn schließlich am Abend per Skype erreichen. Er wusste gleich, dass etwas nicht stimmte, da ich zunächst kein Wort rausbrachte. Ich hatte so furchtbare Angst vor seiner Reaktion.

Dass es in unserer Beziehung einmal so weit kommen würde, hätte ich niemals gedacht. Aus uns beiden sprach die Verzweiflung. An diesem Punkt merkte man, dass vorher bereits besprochene Dinge in der realen Situation doch anders bewertet werden können. Er hatte Angst – vor all dem, was auf ihn zukam. Er könnte nicht bei mir sein, würde kaum etwas von der Schwangerschaft mitbekommen, mich in der Schwangerschaftsvorbereitung nicht unterstützen können. Er würde die ersten vier Monate des Kindes verpassen, weil er mitten im Studium auf einem anderen Kontinent sein würde. Aber vor allem sah er sein Leben davonziehen.

Ich habe mich unglaublich unter Druck gesetzt gefühlt, weil er nicht das akzeptieren wollte, was in mir heranwächst. Er lehnte die Schwangerschaft und unser Kind innerlich ab, ignorierte es, wenngleich er die Beziehung nicht verlieren wollte. Ein Dilemma, weil eine Beziehung mit einer solchen Ablehnung für mich schier unerträglich war.

Ich habe mir die Nächte um die Ohren gehauen, geweint, gezittert, gezweifelt. Ich konnte mich meinem Partner, meinem besten Freund nicht mehr öffnen, weil er durch seine Angst abblockte und zu einem anderen Menschen wurde. Ich fühlte mich in der Situation, in der ich meinen Partner am meisten gebraucht hätte, so unglaublich im Stich gelassen. Ich war alleine. Und schwanger.

Dieser Stress zwischen uns brachte mich an die Grenze meiner körperlichen Kräfte. Ich bekam kaum Schlaf, konnte kaum Nahrung zu mir nehmen und hatte durchgehend einen Puls, der viel zu hoch und definitiv ungesund war. Ich stand völlig neben mir, fühlte mich unglaublich kraftlos und verloren, obwohl mein Kämpfergeist immer da war.

Meine Entscheidung stand fest – von Anfang an: Ich würde das Kind behalten. Eine Schwangerschaft bedeutete damals und bedeutet auch heute für mich ein Wunder. Dieses Kind ist aus der puren Liebe zweier Menschen entstanden, auch wenn diese sich nun neu sortieren müssen. Wir mussten nun aneinander wachsen, uns auf eine ganz andere Art und Weise kennenlernen, unterschiedliche Ansichten respektieren und dabei am besten nicht vergessen, was uns eigentlich zusammenhält.

Auch wenn die Verzweiflung zu Beginn so groß war, wir uns ständig stritten, so siegte bei mir doch die Freude über das, was bald kommen würde. Ein kleines Wesen, welches mein Leben, unser Leben, bereichern würde, auch wenn die Situation nicht gerade eine einfache war. Ein Glück, dass sowohl meine ganze Familie als auch meine Freunde bedingungslos hinter mir standen und sich unglaublich auf den Nachwuchs freuten.

Ich hatte dir anfangs von einer großen Entscheidung erzählt, die ich für mich treffen musste. Sicherlich fragst du dich jetzt, worin diese denn nun bestand, wenn für mich von Beginn an klar war, dass ich das Baby behalten würde.

Weißt du, ich versuche, die Momente so zu nehmen, wie sie kommen. Ich frage nicht nach dem Wieso, nach dem Warum – das bringt einen nicht weiter. Aber manchmal, manchmal wirst du schlichtweg überrannt. Und zwar in dem Moment, in dem du es am wenigsten erwartest.

Du hörst von vielen Dingen, schlimmen Dingen, die passieren können, rechnest jedoch nicht damit, dass es dich selbst einmal treffen wird. Wieso soll man sich darüber auch den Kopf zerbrechen, das würde einem das Leben in dem Moment nur unnötig erschweren. Man kann nie auf alle Eventualitäten gefasst sein, man kann nicht in die Zukunft schauen. Sich also vor Dingen zu fürchten, die eventuell gar nicht eintreten, sehe ich als unnötige Energieverschwendung an.

Es war ein Sonntag. Nach einem langen, intensiven und kräfteraubenden Streit mit meinem Freund merkte ich plötzlich, wie sich mein Unterleib verkrampfte. Ich habe gemütlich auf dem Sofa gelegen und einen Film geschaut, mich als Schwangere irgendwie wohlgefühlt, beschützt gefühlt.

Ich hatte mich schon viel mit dem Thema Schwangerschaft auseinandergesetzt, wollte bald ein erstes kleines Kuscheltierchen kaufen. Abends zum Einschlafen hörte ich immer Mozart, weil ich gelesen hatte, dass sich das Gehirn von Babys bei klassischer Musik besser entwickeln kann – verrückt. Ich freute mich so unglaublich über diese unplanmäßige und doch so schöne Veränderung in meinem Leben.

Du kannst dir nicht vorstellen, was mich nun für Gefühle heimsuchten.

Ich wusste, dass man in der Schwangerschaft mal Bauchschmerzen hat, da sich die Gebärmutter für das wachsende Baby vergrößert. Es war bei mir in den ersten Wochen auch total normal, dass mich ein Ziehen im Unterleib ab und an durch den Tag begleitete. Jedoch war dieser Schmerz ein anderer.

Ich glaube fest daran, dass Gedanken vieles in einem verändern und bewirken können – wenn man nicht gar alles in sich selbst mit seinen eigenen Gedanken steuern kann. Also versuchte ich, mich nicht ins Negative reinzusteigern, und malte mir aus, was alles auf mich zukommen würde. Stellte mir vor, wie ich das kleine Wunder zum ersten Mal in meinen Armen halten würde.

Ich bin morgens aufgewacht, habe die Geschehnisse des Vortages hinter mir gelassen, war schmerzfrei und dadurch unglaublich erleichtert und startete in meinen neuen Tag.

Ich ging zur Toilette – wie jeden Morgen. Ich trinke meist in der Nacht immer noch einen Schluck Wasser, den ich dann am Morgen gleich spüre.

Dieser Tag war der schlimmste, den ich jemals erlebt habe.

Es war Blut an dem Toilettenpapier. Jede schwangere Frau weiß, dass eine Blutung in der Schwangerschaft nicht unbedingt etwas Gutes heißen muss. Vor allem nicht, wenn es frisches Blut ist. So viel frisches Blut. Zwar gibt es Fälle, in denen so etwas durchaus auftreten kann und auch gut ausgeht, jedoch hatte ich gar kein gutes Gefühl. Ich hatte Panik.

In meinem Kopf spielten sich alle erdenklichen Szenarien ab, während ich auf mein blutbeflecktes Einhorn-Toilettenpapier mit der Aufschrift „believe in your dreams“ schaute.

Kaum eine Sekunde ist vergangen, schon liefen mir die Tränen über meine Wangen. Ich konnte gar keinen klaren Gedanken fassen, spürte einfach nur die bloße Verzweiflung in mir drin. Ich hatte das Gefühl, ich würde genau in diesem Moment alles verlieren. Alles.

Ich rief gleich panisch bei meiner Frauenärztin an, um für Aufklärung zu sorgen. Leider war sie nicht zu erreichen, weshalb ich unglücklicherweise zu einem Vertretungsarzt musste, den ich gar nicht kannte. Und Frauenarztbesuche sind nie schön. Vor allem nicht so einer.

Im Ultraschall schien alles unverändert, was mich zunächst beruhigte, trotzdem sagte der Arzt: „Also, Sie sollten sich jetzt langsam mit dem Gedanken anfreunden, dass es eine Fehlgeburt sein könnte." Diese Aussage tat so weh, sie riss mein Herz aus mir heraus und zerteilte es in Tausende Stücke.

Die Tage, die nun verstrichen, waren furchtbar. Ich musste ruhen, durfte mich nicht bewegen. Ich trank viel Tee und machte mir ständig heiße Wickel um meine Füße, um meinem Körper beim Entgiften zu helfen. Meine Mutter kam jeden Tag vorbei, um mich zu versorgen und meinen Haushalt zu schmeißen. Ich durfte nur zusehen.

Ich habe mich noch nie so ohnmächtig gefühlt. Stell dir vor, du liegst den ganzen Tag nur da und weißt, dass es nicht in deiner Hand liegt, was nun in dir drin passiert. Was mit deinem kleinen Schützling passiert. Du kannst nichts, aber auch wirklich gar nichts tun – außer deine Gedanken weiterhin positiv zu stimmen.

Mit jedem Gang zur Toilette bin ich ein Stück weit innerlich gestorben. Jedes Mal fühlte es sich so an, als würde ich etwas in mir verlieren, was ich so lieb gewonnen habe, mit dem ich mich irgendwie schon so verbunden gefühlt hatte.

Ich schaute an mir herab, vergaß alles um mich herum. Begutachtete jedes Mal meinen Körper, meinen Bauch. Es war so still um mich herum.

Ich habe mich elendig gefühlt – ja, ich habe mich sogar manchmal schuldig gefühlt. Habe ich meinen Bauch nicht genug gestreichelt, meinem Baby nicht genug Liebe geschenkt? Der Stress der letzten Wochen, die Beziehung, die immer weiter zerbrach, von der keine Spur mehr von der glücklichen, vor Liebe übersprudelnde Beziehung war, hat mich nicht nur an meine Grenzen gebracht, sondern nun auch darüber hinaus. Ich war am Ende meiner Kräfte.

Der Film, in dem ich die Hauptrolle spielte, hatte nun wohl seinen grausamen Höhepunkt erreicht. Und ob du es glaubst oder nicht, waren es die lächelnden Einhörner auf dem Toilettenpapier, welches mir den Toilettengang erträglicher gemacht hat.

Trotzdem wollte ich kämpfen. Ich wollte nicht aufgeben, solange ich wusste, dass das kleine Würmchen noch da ist.

Also beschloss ich, das, was mich in dieser Zeit am meisten bedrückte, mich am meisten belastete, hinter mir zu lassen. Eine Entscheidung zu treffen.

Ich habe mich dazu entschieden, mich von meinem Partner zu trennen und den Weg von da an für mich alleine zu gehen. Ich konnte diese Stimmung zwischen uns, seine Ablehnung, nicht mehr ertragen. Alles lag in Trümmern und ich fühlte mich, als wäre ich gerade mitten im Krieg. Ich dachte, dass ich noch etwas retten könnte, wenn ich mich von nun an nur noch mit positiven Dingen beschäftige. Ich kämpfte.

Doch mit jedem weiteren Toilettengang brach meine neu aufgebaute Hoffnung weiter ein. Die Hoffnung, dass alles bloß ein schlimmer Albtraum wäre und ich bald aufwachen würde.

Ein paar Tage später war es jedoch dann vorbei. Ich hatte nicht nur mein Baby verloren, sondern auch meinen Partner, der durch seine Angst vor der Zukunft ein anderer Mensch geworden war als der, den ich liebte. Ich fühlte mich, als hätte ich versagt. Auf das Bitterste versagt.

Plötzlich merkst du, wie unwichtig und klein alles um dich herum wird. Dinge, über die du dir vorher den Kopf zerbrochen hast, sind nun von so kleiner Bedeutung.

Ich habe in einer Situation, in der ich völlig verzweifelt war, eine Entscheidung getroffen. Ich habe sie für mich getroffen. Ich musste erst mal alleine weitergehen. Neu starten, mein Leben wieder leben lernen, nachdem es plötzlich stillgestanden hatte.

Ich brauchte Zeit, um mich neu zu sortieren, um meine Welt nicht mehr schwarz-weiß, sondern wieder bunt sehen zu können.

Liebes Tagebuch, es gibt Situationen im Leben, in denen dir klar wird, dass nur du die Verantwortung für dich selbst trägst. Nur du Entscheidungen für dich selbst treffen kannst.

Ich habe aber gemerkt, dass Entscheidungen, die du heute triffst, morgen wieder neu überdacht und entschieden werden können. Du musst dich nicht für immer entscheiden, sondern nur für den Moment, das Jetzt.

Zu oft vergessen wir, dass wir nicht in der Vergangenheit und auch nicht in der Zukunft leben, und bemerken erst durch eine traurige Erfahrung, dass man Situationen niemals hervorsehen kann. Die Vergangenheit ist eine Geschichte, die man sich selbst erzählt. Also erzähle sie dir einfach anders. Ja, es geht!

Ich fühlte mich, als hätte ich alles verloren, was mir wichtig war. Doch konnte ich es bald als Chance sehen, ich konnte erkennen, dass ich etwas hinzugewonnen habe. Vertrauen in meine Intuition, meine Entscheidungen, in mich selbst. Ich habe gemerkt, dass wir immer dem Licht und niemals dem Schatten eine Chance geben sollten. Das Licht am Ende des Tunnels suchen sollten, statt der Dunkelheit zu verfallen. Bleib wach und schließe nicht die Augen.

Ich konnte neu anfangen und hatte dieses Gefühl in mir, dass so vieles auf mich da draußen wartete. Dinge, welche die zurückgebliebenen Wunden heilen ließen, wenngleich eine Narbe bleiben würde.

Unerwartete Situationen bringen dich dazu, alles zu überdenken, was du bisher dachtest. Ich konnte erkennen, wie sehr ich mich aufgegeben hatte. Wie weit ich von mir entfernt war und wie sehr ich mich von meiner Beziehung abhängig gemacht hatte.

Ich habe gelernt, dass deine größte Erfüllung im Leben, der wichtigste Inhalt und dein bester Freund du selbst sein solltest. Es ist das Allerschönste, wenn du es schaffen kannst, mit dir alleine glücklich zu sein, ganz frei von Bedingungen und anderen Menschen – was nicht heißt, dass dich deine Familie, dein Partner, deine Freunde oder deine Kinder nicht noch reicher machen können.

Aber du solltest auch nicht innerlich zerbrechen und in dir zusammenfallen, wenn du mal ganz alleine mit dir bist.

Wir sollten uns weniger den Kopf über das zerbrechen, was eventuell mal passieren könnte, und viel mehr den Moment leben. In dem Moment leben bedeutet auch, die Entscheidung für deine jetzige Gefühlslage, deinen jetzigen Moment zu treffen. Für dich zu treffen.

DENKBLASEN

Dir steht eine große Entscheidung bevor? Schreibe hier auf, welche Entscheidung du treffen musst, und trage in die Denkblasen deine verschiedenen Gedanken dazu ein!

ICH MUSS FOLGENDE ENTSCHEIDUNG TREFFEN:

DIESE FRAGEN STELLE ICH MIR DAZU. DIESE GEDANKEN GEHEN MIR DURCH DEN KOPF:

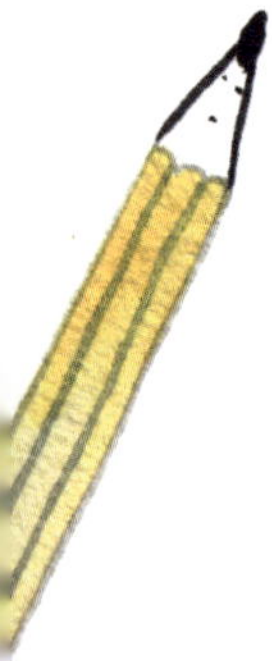

Beim Entscheiden gibt es eigentlich kein Richtig oder Falsch, weil es an dir liegt, wie du deine unterschiedlichen Möglichkeiten bewertest. Du gibst den Dingen den Wert, den du für angemessen hältst. Du kannst jeden Tag aufs Neue wählen. Du hast vor allem negative Gedanken aufgeschrieben? Streiche nun die Gedanken weg, von denen du dich lösen möchtest.

IN KLEINEN SCHRITTEN

Du stehst vor einer Entscheidung? Fange an, kleine Schritte zu gehen, indem du deine Gedanken ordnest und sie aufschreibst.

WAS IST DAS SCHLIMMSTE, WAS PASSIEREN KÖNNTE? WOVOR HAST DU ANGST?

WIE WAHRSCHEINLICH IST ES, DASS DER SCHLIMMSTE FALL EINTRITT?

WÄRE ES EINE KATASTROPHE, WENN SICH DEINE ENTSCHEIDUNG ALS FALSCH HERAUSSTELLT?

WENN EIN GUTER FREUND DIESE ENTSCHEIDUNG TREFFEN MÜSSTE, WAS WÜRDEST DU IHM RATEN?

WÄRE DIE FALSCHE ENTSCHEIDUNG IN FÜNF JAHREN NOCH RELEVANT FÜR DICH?

DIE ANTWORT STECKT BEREITS IN DIR!

Du musst dich für A oder B entscheiden – und weißt es einfach nicht? Natürlich kann man eine klassische Pro-Kontra-Liste zusammenstellen, aber auch das bringt einen manchmal nicht zu einer Entscheidung. Folgender Weg hilft dir dabei: Nimm dir eine Münze, leg fest, welche Antwort Kopf und welche Zahl ist. Nimm dir vor: Die Entscheidung, die die Münze fällt – dafür entscheide ich mich! Sei ganz fest bei diesem Gedanken und wirf.

Spüre wirklich nur in den ersten vier Sekunden, was du empfindest. Bist du etwas enttäuscht oder erleichtert? Wenn du enttäuscht bist, tendiert deine innere Stimme zu der anderen Möglichkeit. Dein Herz weiß, was der richtige Weg ist. Hör auf dein Herz! Alles, was du brauchst, ist bereits in dir. Lerne, auf dich zu vertrauen!

AUCH KEINE ENTSCHEIDUNG TREFFEN IST
EINE ENTSCHEIDUNG.

Manchmal wartet ein nächster Schritt auf dich und du weißt jetzt noch nicht, was dich danach erwartet – und ob du den Mut hast, den nächsten Schritt zu gehen. Mut kommt nicht immer mit Gebrüll. Es kann auch die leise Stimme am Ende des Tags sein, die dir zuflüstert: „Hab Vertrauen und versuch es noch einmal!"
In dem Moment, in dem du eine Entscheidung triffst, ist sie für dich richtig. Wenn eine Zeit vergeht, dann kann es passieren, dass du anders auf deine Entscheidung blickst und sie neu bewertest. Die Schwierigkeit daran, eine Entscheidung zu treffen, ist meist die, dass du es entweder irgendwann bereuen könntest oder dass du dich auch gegen etwas anderes entscheiden musst. Aber du bist kein Hellseher! Erwarte nicht, dass du immer die richtige Entscheidung triffst. Danebenliegen gehört zum Leben dazu und vieles muss man auch erst mal ausprobieren, um zu wissen, ob es einem gefällt. Verzeihe dir deswegen, wenn es im Nachhinein doch nicht das Richtige war, und versuche, das Beste daraus zu machen. Du wirst es überleben, trau dich! Triff Entscheidungen, die gut für dich sind, und triff sie nicht im Sinne von anderen. Es ist dein Leben.

HAST DU SCHON EINMAL EINE ENTSCHEIDUNG GETROFFEN, DIE DU SPÄTER BEREUT HAST?

WAS IST PASSIERT: HAST DU DIE ENTSCHEIDUNG RÜCKGÄNGIG GEMACHT? ODER KONNTEST DU DICH MIT DER ENTSCHEIDUNG ARRANGIEREN?

Dank-
barkeit
ist der
Schlüssel
zum
Glück

Liebes Tagebuch,

warst du schon mal an dem Punkt, an dem dir aufgefallen ist, wie unachtsam du dir selbst gegenübertrittst? Wir verrennen uns in unserem Alltag und sind dabei noch unser größter Kritiker. Manchmal sogar unser eigener Feind. Niemand auf der Welt würde deinen wunden Punkt so hart treffen, so darauf beharren, wie du es tust.

Und dann gibt es Situationen, in denen wir vor eine Wand laufen, zurückprallen und uns einmal erneut fragen, was das gerade war. Was gerade passiert ist. Wir bemerken, wie sehr wir dieser wahnsinnigen Welt verfallen sind, wie sehr wir uns ständig selbst knüppeln, indem wir uns niemals genug sind. Uns abfällig behandeln und uns vor anderen kleinreden. Und in keinstem Fall liebevoll zu uns selbst sind.

Nach meiner Fehlgeburt stellte ich alles infrage. Alles erschien mir plötzlich so bedeutungslos und mir fiel auf, wie unfair ich mir selbst gegenüber war. So unfair, dass ich mich selbst immer wieder auf das Bitterste emotional verletzte, ohne dass es mir aufgefallen ist. Es war eine alltägliche Situation, ein sehr vertrautes Gefühl, unzufrieden mit mir selbst zu sein.

Ich fühlte mich nach dem großen Verlust zunächst wie eine Versagerin. Ich bin jeden erdenklichen Moment durchgegangen. Wo lag der Fehler? Was habe ich falsch gemacht, dass so was passiert war? War ich vielleicht sogar selbst schuld? Habe ich meinen Bauch nicht genug gestreichelt, mich falsch ernährt, nicht genug geschlafen? War ich rücksichtslos oder freute ich mich nicht genug auf das Kind? Waren es vielleicht die Ängste, der Stress, die negativen Gedanken, weil meine Beziehung gleichzeitig in die Brüche ging? Wieso bin ich nicht imstande dazu gewesen, all das beiseite zu räumen? Wieso habe ich es nicht geschafft, ein gesundes Baby in mir heranwachsen zu lassen und zur Welt zu bringen?

Dann hat mich die Schuld aufgefressen, der ständige Gedanke daran, was gewesen wäre, wenn ...

Fühlt man sich für etwas schuldig, denkt man, dass dies, was passiert ist, die gerechte Strafe für sein eigenes Fehlverhalten sein muss. Wo Schuld ist, muss auch Strafe sein. Und da, wo Schuld ist, ist keine Dankbarkeit. Keine Achtsamkeit und keine Liebe.

Noch während ich die Zeit auf dem Sofa absaß, weil ich mich schonen musste, nicht bewegen durfte, weil das Baby in Gefahr war, begriff ich, wie unglaublich stark mein Körper trotz allem ist. Ich als Frau bin dazu in der Lage, ein Kind auf die Welt zu bringen. Ich als Mensch bin dazu fähig, durch die Welt zu laufen, die Welt zu sehen, zu riechen, zu schmecken. Das Gefühl der Stärke wechselte sich mit dem Gefühl der Schwäche ab. Die Schuld begrüßte mich mehrmals am Tag. Bis ich irgendwann begriff, dass es gar keine Schuld gibt.

Schuld ist die Suche nach einer Ausrede, die Suche nach einer Erklärung für eine Situation, die für uns aber unerklärlich scheint. Irgendwas muss immer schuldig sein, im Notfall sind wir es eben selbst. Irgendwas muss doch dazu geführt haben, dass das, was eigentlich eintreten sollte, nicht eintrat. Dabei ist es viel einfacher, die Situation anzunehmen, zu akzeptieren und daraus zu lernen.

Ich hatte keinen Fehler gemacht. Was bedeutet eigentlich ein Fehler, gibt es Fehler überhaupt? Fehler sind für mich vielmehr Lehrer. Lehrer, die dir helfen, dich selbst mit anderen Augen zu betrachten und dir selbst einen neuen, vielleicht sogar einfacheren und schöneren Weg zu ebnen. Ein Fehler, so wie wir ihn sehen, ist schließlich etwas, was wir im Nachhinein dazu machen – und wenn du ihn als solchen erkennst, ist er eine Chance.

Ich betrachtete unzählige Male meinen Bauch und hörte mit der Zeit auf, mich zu fragen, was darin gerade wohl passierte. Ich fing an, mir selbst zu vertrauen, und ich fing an, Dankbarkeit zu empfinden. Ein Gefühl, durch das ich weicher zu mir selbst werden konnte. Ich schaute also an mir herab, begutachtete meinen Bauch aufs Neue und verzieh ihm – und ich verzieh mir. Für alles, was passiert ist – vor allem aber für das, was ich mir selbst angetan hatte, und dafür, dass ich mich für schuldig befunden hatte.

Ich war keine schwache Frau, die ihr Baby verloren hat. Ich war eine starke Frau mit einem starken Körper. Ein Körper, mein Körper, der mich durch mein Leben trägt. Der einfach funktioniert, ohne dass ich etwas dafür tun muss. Ganz unbewusst. Und dabei wurde es plötzlich völlig egal, wie dieser Körper aussah.

Dankbarkeit ist also nicht nur ein Danke, das man an andere Personen richtet. Ein Danke, welches einem über die Lippen gleitet, wenn man sein Geburtstagsgeschenk entgegennimmt. Dankbarkeit ist viel mehr, viel wertvoller und viel ehrlicher. Sie lässt dich nicht andere Dinge sehen, sondern die Dinge anders sehen. Sie bedeutet, dass man mit Liebe, voller Hingabe, auf etwas schaut. Achtsam und respektvoll ist.

Durch die neu erlernte, tiefe Dankbarkeit bin ich viel ruhiger und gelassener geworden. Dinge, die passierten, konnten mich nicht so leicht aus der Bahn werfen, sie konnten mich erst mal gar nicht aus der Bahn werfen. Nicht weil mir zuvor etwas Schlimmes widerfahren ist und ich dadurch alles auf der Welt viel weniger schlimm fand. Sondern weil ich den Dingen, die passiert sind, einfach keinen zu hohen Stellenwert mehr zusprach. Sie passierten einfach und ich schaute, wie ich das Beste daraus machen kann. Mit Achtsamkeit mir selbst gegenüber.

Andere Dinge hatten für mich keinen übersteigerten Stellenwert mehr. Dies lag nicht daran, dass mir Ereignisse oder Personen egal waren. Nein, ich wurde dadurch nicht abgestumpft oder emotionslos. Im Gegenteil. Ich empfand Liebe für so viele Dinge auf dieser Erde und ich lernte, dass so vieles, auf das wir Menschen achten, eigentlich völlig bedeutungslos ist.

Es scheint mir heute so, als sei das Leben ein Spiel mit dem Ziel, dass wir zu uns selbst finden, uns mit uns selbst anfreunden und mit uns selbst durch dick und dünn gehen sollen. Alles andere zählt nicht: Denn die einzige Person, die dein Leben für immer und schon seit der Geburt mit dir teilt, bist du selbst.

Wir bewerten ständig und messen den alltäglichen Dingen einen immensen Wert zu. Einen so großen Wert, dass wir alles dafür tun, um diese Dinge zu erreichen, gesehen zu werden, Anerkennung zu erhalten und uns anpassen. Anpassen an andere, die dir dein Leben vorgeben wollen, anpassen an die Gesellschaft, von der du so gerne Beachtung finden möchtest.

Vergiss nicht, dass du selbst alltäglichen Dingen diesen Wert zuschreibst, dabei vergisst, dass alles, was zählt, dein Glück ist und dass all das andere eigentlich völlig bedeutungslos ist.

Es ist egal, was du in deinem Leben tust. Es ist egal, wie du dich kleidest, egal, was du für einen Beruf ausübst, was du für ein Auto fährst. Es ist egal, wie du aussiehst, ob deine Haare heute mal fettig sind oder frisch gewaschen. Es ist egal, was andere Menschen von dir halten oder über dich reden. Es ist so bescheuert, völliger Schwachsinn, dass wir uns Gedanken darüber machen, was andere eventuell denken könnten. Wenn wir wirklich mal wüssten, was die anderen denken, würde uns auffallen, dass sie selbst nur damit beschäftigt sind, sich Gedanken darüber zu machen, was wiederum andere über sie denken könnten.

Kennst du vielleicht diese Samstage, an dem du den Tag einfach mal zu Hause verbringen möchtest, etwas entspannen möchtest? Nun musst du aber noch zum Einkaufen fahren. Mist, du musst das Haus verlassen und könntest gesehen werden. Also stellst du dich eine halbe Stunde vor deinen Spiegel, suchst dir ein Outfit aus, das zwar nach einem entspannten Samstagsoutfit aussieht, aber bloß nicht zu gammelig wirkt. Die Hose mit dem Schokofleck muss ausgezogen werden – um Himmels willen! Was könnten sonst die anderen von dir denken? Auch das Gesicht muss beschichtet werden, es könnte dich ja jemand ungeschminkt sehen. Jemand, dem es völlig egal ist, wie du rumläufst, ob du dich nun geschminkt hast oder nicht. Er würde im Zweifel nicht mal erkennen, ob du ungeschminkt bist, er kennt dich schließlich nicht mal geschminkt. Oder du schminkst dich für deinen Mr. Right, der dich beim Einkaufen anspricht, während er bei Tinder nach seiner Mrs. Right sucht. Du tust all das, aber tust es vor allem nicht für dich selbst. Und trotzdem tun wir es immer wieder.

Es muss nicht der Samstagseinkauf sein, in dem du dich wiederfindest. Es können so viele Situationen sein, in denen du etwas nur tust, weil andere sonst etwas Komisches über dich denken könnten. Denken könnten, du seist nicht makellos, nicht perfekt. Vielleicht fragst du dich bei deiner nächsten Diät, ob du es wirklich für dich selbst tust oder wem du damit gefallen willst. Für wen du deinen Teller im Restaurant nicht aufisst, weil es sonst wirken könnte, als seist du verfressen. Wenn du dich in deine Bauch-weg-Strumpfhose, deine monströsen High Heels oder deinen doppelten Push-up-BH zwingst. Auch ich trage mal gerne High Heels, fühle mich damit besonders weiblich, obwohl ich weiß, dass hohe Schuhe nichts mit Weiblichkeit zu tun haben. Aber wenn ich sie trage, dann tue ich es, weil ich darauf stolzieren mag, nicht weil ich einen Typen im Club, meinen Freund oder vielleicht den Barkeeper beeindrucken möchte.

Zwar kommt man ab und zu wieder an den Punkt, an dem wir merken, wie bescheuert das alles ist. Es ist aber wirklich zu schade, wenn es dafür immer wieder krasse, schicksalshafte Ereignisse in deinem Leben geben muss.

Wir verfallen dem Alltagstrott, dem Gesellschaftszwang immer und immer wieder. Wir kämpfen so lange dagegen an, bis der Zweifel an unserem eigenen Sein wieder aufkommt. Bis wir wieder hart zu uns selbst werden. Irgendwann geht es dann wieder von vorn los: Du misst anderen, eigentlich belanglosen Dingen wieder einen unermesslichen Wert zu, wirst wieder strenger zu dir selbst.

Wenn wir überfordert sind, uns überrannt fühlen oder uns in einer stressigen Phase befinden, vergessen wir so unglaublich schnell, worauf es im Leben eigentlich ankommt. Wir konzentrieren uns dann viel eher auf negative Dinge und blenden das Positive aus. Als würden wir uns damit selbst der Freude berauben. Wir denken dann darüber nach, was in unserem Leben schon alles schiefgelaufen ist, was wir nicht haben, was andere haben – oder dass wir einfach nicht gut genug für irgendwas sind. Einfach nichts auf die Reihe kriegen. Warum immer ich? Was habe ich verbrochen, dass ausgerechnet mir so was passieren muss? Ich bin doch schließlich ein so guter Mensch.

Du wirst so lange die gleichen schlechten Erfahrungen machen, bis du daraus gelernt hast, und zwar wahrhaftig daraus gelernt hast. Bis du endlich hinschaust und aufhörst wegzulaufen.

Eine Definition für Dankbarkeit zu finden ist wirklich schwer. Ich muss gestehen, dass ich mit diesem Begriff eine lange Zeit nichts anfangen konnte und auch ehrlich gesagt nicht wusste, wie ich alles mit Dankbarkeit betrachten kann.

Es geht nicht bloß darum, froh darüber zu sein, dass du gesund bist, dass du jeden Tag eine frische Mahlzeit auf dem Tisch oder ein Dach über dem Kopf hast. Es geht nicht darum, dass du privilegierter bist als andere, denen es nicht so gut geht wie dir. Und vor allem geht es um viel mehr als bloß darum, dass man sagt, wie dankbar man ist, und es geht um viel mehr als das, was wir materiell besitzen. Materielle Dinge führen uns nicht zum Glück. Klar ist es mir immer wieder eine Freude, wenn ich shoppen gehe und zum wiederholten Mal viel zu viel Geld für eine Handtasche ausgebe. Und wenn ich diese Handtasche dann zu Hause stehen habe, freue ich mich darüber, dass ich sie tragen kann. Aber irgendwie war es das. Die Handtasche führt mich weder zu mir selbst, noch wird sie mich auf ewig so glücklich machen wie an dem Tag, als ich sie gekauft habe.

Dankbarkeit ist vielmehr ein Gefühl, ein liebevoller Blick auf die Dinge, Gelassenheit – etwas, was mich zum Glück führt. Es fängt natürlich bei dir selbst an, geht aber bei dem Betrachten anderer Menschen weiter.

Wenn wir die Menschen um uns herum mit anderen Augen betrachten würden, nicht mehr als Konkurrenz sehen und nicht das Schlechte in ihnen suchen, um uns selbst besser zu fühlen, und wenn wir aufhören würden, ständig über andere zu urteilen, dann brächte uns das schon einen Schritt weiter. Wenn wir andere beurteilen, andere bewerten und über sie lästern, dann tun wir uns im Gegenzug genau das Gleiche an. Nicht weil Gleiches mit Gleichem vergolten wird und die anderen dann auch über uns lästern. Nein. Sondern weil wir mit jedem Urteil über einen anderen auch gleichzeitig ein Urteil über uns fällen. Weil wir uns vergleichen –

ständig. Wir sind alle Menschen, Individuen, von denen es niemand aufgrund seiner Geschichte, seines Verhaltens oder seines äußeren Erscheinungsbilds verdient hat, nicht mit Liebe behandelt zu werden.

Wir sind doch alle auf der Suche nach irgendwas und versuchen, irgendwas mit irgendwas oder irgendwem zu kompensieren, obwohl die Antwort so naheliegt. Aber wie kommen wir dahin?

Manchmal verfalle ich all dem wieder. Vergleiche mich wieder, werde unzufrieden oder fühle mich schlecht, nicht gut genug. Dann hilft es mir, mich daran zu erinnern, wie bedeutungslos all das um mich herum doch eigentlich ist. Die Gedanken, die ich mir mache.

Manchmal aber kann ich nicht verstehen, was Bedeutungslosigkeit eigentlich wirklich bedeutet, weil ich so vielen Dingen, über die ich mir Gedanken mache, bereits wieder Bedeutung zugesprochen habe. Einen Wert, den sie im Grunde gar nicht haben, einen Wert, der mich minderwertig fühlen lässt. Ich weiß dann, dass ich es wieder fühlen muss. Diese Leichtigkeit wieder in mein Leben zurückkommen muss. Es ist dann, als würden sich meine strengen Gesichtszüge weicher zeichnen, und dann versuche ich, alles liebevoller zu betrachten. Und da kommen wir wieder zur Dankbarkeit.

Wofür bist du eigentlich dankbar und wofür kann man überhaupt dankbar sein? Ich zum Beispiel bin dankbar für meine Familie, meine Eltern, die mich auf diese wunderschöne Welt gebracht haben, und für meinen Körper, der so wunderbar funktioniert und es mir jeden Tag ermöglicht, das Leben zu erleben. Ich bin dankbar für das Licht, für die Taschenlampe an meinem Smartphone, mit der ich nachts meine Wohnung nach möglichen Einbrechern durchsuchen kann. Ja, ich bin ein kleiner Angsthase. Ich bin dankbar für meine Tiere, die mir jeden Tag bedingungslose Liebe schenken, für meine Freunde, die mich stützen, wenn ich mal einknicke, und für die Sonne, die uns täglich wärmt. Dankbar für Flugzeuge, die es mir ermöglichen, die Personen, die ich liebe, trotz der Distanz zwischen uns treffen zu können. Ich bin dankbar für mein Bett, dass es so kuschlig weich ist, und ich bin allen Menschen dankbar, ganz gleich, ob sie gut oder böse zu mir waren, dass sie mir als Wegweiser zu meinem Weg verholfen haben. Ja, man kann auch den Menschen, die einen enttäuscht haben, dankbar sein, weil man vielleicht durch sie zu einer Erkenntnis kommen konnte. Und ja, ich bin dankbar dafür, dass ich ich bin. Aber bist du auch dankbar dafür, dass du du bist?

Dankbarkeit ist eine Lebenseinstellung – etwas, was sich tief in dir verankert und dein Leben einfacher macht. Jedoch verlieren wir sie so schnell wieder, verrennen uns erneut und konzentrieren uns auf die negativen statt auf die positiven Dinge. Und das raubt uns sämtliche Energie, macht uns krank. Ich bezeichne es immer als den großen Mangel, den wir in uns spüren, weshalb wir uns dann auf die Suche nach etwas begeben, um diesen auszugleichen. Wir versuchen, diese Leere, diese Sehnsucht in uns dann mit materiellen Dingen zu füllen oder gar sie durch Anerkennung anderer zu kompensieren.

Wenn du mal wieder an dem Punkt bist, an dem du merkst, dass du völlig durchdrehst, das Gefühl hast, du bist nichts, du kannst nichts und die Welt ist dir nicht gut gesonnen, dann erinnere dich an das, was du eigentlich wahrhaftig bist. Auch wenn der innere Widerstand so groß ist und du vielleicht im Selbstmitleid baden möchtest, versuche, dich trotzdem auf das zu konzentrieren, was du hast – nicht auf das, was du nicht hast.

Wird unser Leben also mal auf den Kopf gestellt, haben wir genau zwei Möglichkeiten – denn jede Situation, ganz gleich, wie eindeutig sie uns erscheint, hat immer zwei Seiten. Vor allem dann, wenn du eine Ist-Situation nicht ändern kannst, hilft dir Dankbarkeit dabei, sie für dich erträglicher zu machen. Wir können sie nicht ändern, also sollten wir uns auch nicht damit beschäftigen, wie es wäre, wenn wir sie ändern könnten. Vielmehr sollten wir uns dann damit beschäftigen, was wir nun Zauberhaftes daraus machen können, und die Situation als eine Chance sehen, um daran zu wachsen.

Mir persönlich hilft es, wenn ich in einer stressigen Phase bin, den Berg vor mir stehen sehe und es mir scheint, als würde er jeden Tag ein Stückchen größer werden, dass ich mir in genau diesem Moment die Zeit nehme, um erst mal tief durchzuatmen. Ich stelle mir dann vor, wie viel Glück in meinem Leben ist, sehe Bilder in meinem Kopf von den mir liebsten Wesen auf dieser Erde, den schönsten Orten, an denen ich bislang war, und verdränge die negativen Gedanken, die ich in meinen Kopf gelassen habe.

Fördere immer das, was du liebst, anstatt das schlechtzumachen, was du hast.

In manchen Phasen ist der innere Widerstand gegen das Gute so groß, dass man sich mehrmals am Tag daran erinnern muss, wer wir eigentlich wirklich sind. Bis wir es irgendwann wahrhaftig verstehen, begreifen können und die Dankbarkeit, das Glück und die Freude tatsächlich zu unserer Lebenseinstellung wird. Man kann nicht dankbar und unglücklich zugleich sein.

Die Welt, in der wir leben, ist nicht schwer, sie ist nicht gemein oder ungerecht. All diese negativen Aspekte schreiben wir ihr selbst zu, weil wir die einzigen Wesen auf dieser Welt sind, die sie zu diesem bösen Ort machen können. Andere Menschen wirst du nicht und niemals ändern können, das liegt nur in der Macht des Einzelnen. Aber du kannst dein Leben so schön gestalten, wie du es nur möchtest. Und damit kannst du andere anstecken.

Gemeinsam schaffen wir es, die Welt zu einem schöneren Ort zu machen. Aber anfangen sollten wir alle bei uns selbst, um uns selbst zu einem schönen Ort zu machen.

DANKBARKEITSTAGEBUCH

Dankbarkeit ist in meinen Augen der größte Schlüssel am Schlüsselbund, welcher uns die Tür zum Glück öffnet. Leider sind wir viel zu streng zu uns selbst und schauen im Alltag mehr auf die negativen Dinge.
Oh Mann, ich vergesse so schnell so viele Dinge. Doch Dankbarkeit sollte man niemals vergessen. Schreibe also jeden Abend drei Dinge auf, für die du dankbar bist. Wenn du die Zeilen in diesem Buch vollgeschrieben hast, kannst du dir ein schönes Büchlein kaufen oder einen einfachen Zettel neben dein Bett legen und die Liste weiterführen.

MO			
DI			
MI			
DO			
FR			
SA			
SO			

SCHENK EIN LÄCHELN!

Sei du selbst der Grund für Dankbarkeit. Wir leben alle im Überfluss, haben von allem zu viel und vor allem verlernt zu teilen.

> „WIR HABEN VERLERNT, WIE MAN ETWAS TEILT,
> OBWOHL WIR ALLE SO ENTSTANDEN SIND."
>
> Yvonne Catterfeld – Irgendwas

MACHE EINEM ANDEREN MENSCHEN EINE FREUDE, LASS DEINER KREATIVEN SEITE FREIEN LAUF. DU KANNST ZUM BEISPIEL …

… dein nächstes Restaurant-Essen einem Obdachlosen geben.
… für Freunde kochen/backen.
… deiner Mutter einen Brief schreiben, in dem du ihr deine Dankbarkeit zum Ausdruck bringst.
… deinen Liebsten klassische Briefe oder Postkarten schicken.
… Oma und Opa besuchen.
… für einen geliebten Menschen eine Tätigkeit übernehmen (zur Post gehen, Bad putzen).
… für jemanden etwas basteln.

das glück
beginnt
da, wo
die
Angst
aufhört.

Liebes Tagebuch,

die Frage, was Glück für mich persönlich eigentlich bedeutet, hat mich lange beschäftigt. Und ich bin mir nicht einmal sicher, ob ich das, was Glück für mich ausmacht, in einfache Worte kleiden kann. Ich habe schon an vielen Orten nach dem Glück gesucht. Ich habe es in Menschen gesucht, schließlich sollte mich ihre Liebe doch glücklich machen, oder nicht? Viele Menschen sehen die augenscheinlichen Dinge als Glück an. Ein gutes, erfolgreiches Leben führen, finanziell abgesichert sein und gesunde Kinder zur Welt bringen. Glück wird meist in anderen Menschen, äußerlichen Dingen und Besitz gesucht und die bewertet jeder anders. Aber was ist es nun genau, dieses Glück, was beinhaltet es und wo zur Hölle finde ich es endlich?

Ich habe mich oft verrannt und fühlte mich dann überrannt, ja schon fast erschlagen von all den zahlreichen Ereignissen in meinem Leben, den Aufgaben, in die ich mich stürzte, um mich von mir selbst abzulenken. Lieber Verantwortung für andere übernehmen, sich um das Wohl anderer kümmern als um sein eigenes. Lieber noch mehr arbeiten, statt eine Pause einzulegen, in der du dir Gedanken über dich selbst machen könntest. In der du Dinge verarbeiten könntest.

Phasen der Ruhe konnte ich manchmal kaum ertragen, obwohl ich sie mir in den Phasen, die von Stress und Sorgen geprägt waren, sehnlicher als alles andere herbeiwünschte. Ich hatte das Gefühl, dass mein Leben an mir vorbeizieht, ich mein Leben gar nicht richtig erleben kann. Und vor allem hatte ich immer wieder das Gefühl, dass ich mich selbst gar nicht richtig kenne.

Der Weg zum Glück ist dein eigener Weg zum Glück. Verrückt, oder? Er ist für jeden Menschen ein anderer – eben ein ganz individueller Weg. Wo endet der Weg zum Glück? Dieser Weg scheint schier endlos zu sein. Endet er etwa dort, wo wir unser Glück finden? Nein, ich glaube vielmehr, dass das Glück dort endet, wo unsere Angst anfängt. Genau in dem Moment, in dem du Angst davor hast, etwas zu verlieren, was du zuvor als dein Glück beschrieben hast. Und verlieren kannst du nur etwas, von dem du glaubst, dass du es besitzen kannst. Glück aber besitzt du nicht, du kannst es nicht kaufen. Es kommt mit der Liebe und wird dir geschenkt. Eigentlich ist es schon die ganze Zeit da. Es sind die kleinen Dinge im Leben, die uns mit Glück erfüllen, in denen wir das Glück sehen. Wir können das Glück empfangen, wenn wir den Augenblick erkennen und ihn leben. Ganz im Jetzt, weg von dem bereits Geschehenen und Vergangenen und weg von den Sorgen, von der Angst vor der Zukunft. Denn nicht nur deine Vergangenheit hält dich fern von dem jetzigen Moment, sondern auch deine Zukunft.

Niemand kann in die Zukunft schauen, wir wissen nicht, was in einem Jahr passiert, nicht mal, was in einer Woche passiert, und nicht mal, was in einer Stunde passiert. Wir planen, schreiben uns vor, wann welches Ereignis in unserem Leben passieren muss, und sind dann völlig perplex, wenn es doch anders kommt, als wir es eigentlich geplant haben.

Eine Fahrtrichtung, die können wir festlegen. Ob das Fahrzeug mal eine Panne haben wird, wann genau wir mal auftanken müssen, welche Fahrgäste wir noch aufnehmen werden und wie genau die Straßenbegebenheiten an einem uns völlig fremden Ort sein werden – das können wir im Voraus nicht wissen. Sich damit zu beschäftigen – auch das hält dich fern von dem Jetzt.

Es gibt einen Unterschied zwischen der Angst, die uns am Leben hält, und der Angst, die uns vor unserem Leben in die Knie zwingt. Angst, die uns am Leben hält, basiert auf unseren Urinstinkten. Ausgeschüttet von unseren Hormonen, die uns vor Gefahrensituationen beschützen, uns wachrütteln. Dass wir fliehen können, wenn wir in Lebensgefahr sind. Diese Angst schafft es, Kräfte in dir freizusetzen, von denen du niemals dachtest, dass du sie in dir hast. Sie schafft es, dass eine Mutter ein Auto heben kann, weil ihr Kind darunterliegt.

Jedoch bringen wir unsere zwei Arten der Angst häufig durcheinander und leider ist die Angst, die uns vom Leben abhält, die zur

Zeit viel häufiger auftretende Form. Diejenige, die die Überhand gewinnt.

Wir haben Angst vor allem. Angst vor dem Verlust, Angst vor der Einsamkeit, Angst davor, nicht sicher zu sein. Angst, nicht gut genug zu sein, weil wir ja auf jeden Fall schon mal schlechter sind als die anderen, Angst, dass wir generell nicht genug sind. Wir haben Angst davor, nicht geliebt zu werden, Angst davor zu versagen. Fehler zu machen, nicht perfekt zu sein. Vor lauter Angst laufen wir weg, aber nicht, weil unser Leben in Gefahr ist, nein, wir laufen weg vor uns selbst, weil wir Angst haben, uns selbst zu vertrauen. Wir sind uns selbst ja nicht genug und uns selbst auch nicht gut genug. Wir haben Angst, dass wir den richtigen Weg nicht, vielleicht sogar niemals finden werden, den Zug verpassen, auf den wir aufspringen müssen, um genau zu unserem Ziel zu gelangen. Dabei sind wir uns gar nicht bewusst, dass der richtige Weg die ganze Zeit da ist.

Die Angst holt uns so sehr aus dem Gleichgewicht, welches eigentlich so tief in uns verankert ist. Angst bringt uns aus unserer Balance, vor allem aber treibt sie uns weg von unserem Glück. Stell dir mal vor, du könntest alles tun mit dem Wissen, dass du nicht verlieren kannst. Und stell dir jetzt mal vor, dass du tatsächlich nicht und niemals verlieren kannst. Eigentlich können wir doch nur gewinnen. Wenn wir einen Freund verlieren, haben wir nicht verloren, sondern etwas gewonnen. Vielleicht die Gewissheit darüber, dass er kein wahrer Freund war oder dass wir ihm kein wahrer Freund sein konnten, weil wir vielleicht Angst vor etwas anderem hatten. Wenn du deinen Job verloren hast, auch dann hast du etwas gewonnen. Eine neue Chance, eine neue Tür, die sich dir öffnen wird. Vielleicht musste es so kommen, damit du endlich deine Augen für etwas anderes öffnen kannst.

Einen geraden Weg, den gibt es nicht. Es ist immer kurvig, mal gibt es einen kleinen Richtungswechsel, mal biegen wir in eine Einbahnstraße, aus der wir nur herauskommen, wenn wir einen anderen Weg noch einmal gehen. Aber es geht immer geradeaus.

Du kannst keinen Fehler machen, weil es Fehler gar nicht gibt, und du kannst nicht verlieren, weil du nur gewinnen kannst. Etwas für dich dazugewinnen kannst.

Eine Definition oder Formel des Glücks findet sich in jedem Einzelnen von uns. Es steckt nicht in deinem Partner, von dem du erwartest, dass er dich glücklich machen muss, oder in dem neu gekauften, traumhaft schönen Schuh. Doch finden wir in materiellen Dingen, Beziehungen oder Ereignissen kurzfristig Glück, dann haben wir zugleich wieder Angst, sie zu verlieren. Also nein, Glück liegt nicht außerhalb von dir. Dein Glück liegt auf deinem Weg dorthin, auf dem Weg zu dir selbst. Der Weg ist das Ziel. Ich kann dir nicht sagen, wie dein Glück aussieht, ich kann dir nur sagen, was Glück für mich bedeutet. Glück ist für mich das absolut erstrebenswerteste Gefühl, vielleicht sogar der schönste Zustand überhaupt. Glück ist unser Geburtsrecht. Wir sind ganz sicher nicht auf diese Welt gekommen, um zu leiden. Ich glaube nicht an Schuld und Strafe. Ich glaube an die Liebe, die in jedem Menschen ist. Und suchen wir nicht alle nach unserer Erfüllung, weit weg von unseren Ängsten? Denn unsere Erfüllung liegt tatsächlich Millionen Lichtjahre entfernt von unseren Ängsten.

Selbstliebe und Dankbarkeit – zwei Zustände, Lebensweisen, Einstellungen, auf denen meiner Meinung nach alles basiert. Liebe ist die Basis allen Lebens. Wo Liebe ist, herrscht keine Angst, denn Liebe ist Vertrauen – und wenn du vertraust, brauchst du keine Angst zu haben.

Weißt du, du bist nicht alleine. Und Angst zu haben brauchst du sowieso wirklich nicht. Dir kann nichts passieren und du wirst immer einen Wegbegleiter haben, ganz egal, wo es dich hintreibt. Eine Lösung für ein Problem wirst du immer finden, denn – schau mal – trotz allem, was dir schon passiert ist, bist du immer noch da. Und das, genau das, nämlich unser Leben, sollten wir immer, jeden Tag und jede Sekunde, feiern.

Vor lauter Suche nach dem Glück vergessen viele von uns zu leben. Das Leben zieht nur so an einem vorbei, die Zeit läuft und die Uhr tickt. Aber Zeit. Zeit ist relativ. Zeit ist eigentlich nichts. Nur wir messen ihr Bedeutung bei und machen sie zu etwas Wertvollem, nicht Greifbarem. Und ist dir schon mal aufgefallen, dass die Zeit nur so schnell vergeht, wie du es willst? Wenn ich morgens aufstehe und mir einrede, ich hätte den ganzen Tag keine Zeit, dann habe ich auch keine Zeit. Aber Zeit wofür eigentlich? Zeit für dich selbst, Zeit zum Freunde treffen, Zeit zum Kochen. Wir können doch eigentlich selbst entscheiden, wofür und wie viel von unserer Zeit wir einsetzen wollen. Schlafe ich abends mit dem Gedanken ein, dass der nächste Tag ein Desaster wird, weil ich so unendlich viel zu tun habe, dann wird er mit Sicherheit auch ein Desaster. Wir unterschätzen ständig die Kraft unserer Gedanken. Und zwar die Gedanken, von denen dein ganzes Leben abhängt, mit denen du entscheiden kannst, ob du Glück oder Trauer, Wut, Hass oder Missgunst empfinden möchtest.

Zeit. Ich habe oft gedacht, dass ich so viel Zeit in meinem Leben schon verschwendet habe. Zeit verschwendet, indem ich mir Gedanken über wirklichen belanglosen Mist gemacht habe. Über meine Vergangenheit, die ich immer und immer wieder habe aufleben lassen. Menschen, die schon längst nicht mehr Teil meines Lebens waren – darüber, was andere wohl über mich denken könnten, oder über meine Zukunft, die ich sowieso nicht vorausschauen kann. Ich habe mich dann darüber geärgert, dass ich mit all diesen Gedanken so lange beschäftigt war und währenddessen vergessen habe zu leben. Ich habe mich geärgert, dass ich Dingen, Menschen, Situationen nachgetrauert habe, obwohl sie es gar nicht verdienten. Aber nein, Zeit verschwendet habe ich nicht. Ich bin den ganzen weiten Weg gegangen und habe immer wieder neue Erkenntnisse mitgenommen, neue Dinge erfahren. Und wie ich dir schon sagte, muss man manchmal Wege doppelt gehen, um wieder zu der eigentlichen Hauptstraße zu kommen. Das ist kein Zeichen von Schwäche, du bist schließlich aufgestanden, weitergegangen und nicht liegen geblieben. Und selbst wenn du mal liegen bleibst, dann sammle dort Kraft, um wieder aufzustehen.

Ja, das Glück beginnt da, wo die Angst aufhört. Doch bin auch ich voller Ängste, obwohl ich mir das eigentlich gar nicht eingestehen möchte. An manchen Tagen bin ich sogar richtig panisch und rufe weinend meine Mutter an, die mir bitte ganz, ganz viel Bestätigung geben soll. Ich denke, dass Ängste irgendwie dazugehören, jedenfalls gehören sie bei mir dazu. Falsch wäre es wohl, wenn man diese Ängste ablehnt, vielleicht sogar verabscheut. Deshalb beobachte ich mich ganz genau.

Wenn ich merke, dass mich eine Angst heimsucht, sei es die Angst davor, einen Fehler zu machen, wenngleich ich mir darüber im Klaren bin, dass es keine Fehler gibt, oder sei es die Angst vor dem Verlust, die sich in meine Albträume schleicht, dann werde ich mir bewusst, dass die Angst da ist. Und es ist okay. Ich gebe mich ihr nicht hin, sondern grüße sie ganz herzlich zurück, umarme sie in meinen Gedanken und stelle mir vor, dass meine Angst auch einfach nur Angst hat und Bestätigung braucht. So wie ich sie in den Telefonaten mit meiner Mutter brauche.

Ich bin ein Mensch, der sich gerne kümmert. Ich übernehme total gerne die Verantwortung für andere Menschen oder auch Tiere. Vielleicht habe ich deshalb auch gleich einen Hund adoptiert, als ich ausgezogen bin.

Wenn ich für andere Menschen oder eben Tiere kämpfe, dafür sorge, dass ihnen nichts passiert, und alles dafür tue, dass sie das wunderschönste Leben auf Erden führen können, dann habe ich keine Angst. In diesem Moment bin ich so voller Liebe, dass die Angst keinen Platz hat. Wenn ich mich selbst so lieben würde, wie ich andere Menschen oder gar meine Tiere liebe, dann sollte auch dort kein Platz mehr für Angst sein. Aber ich arbeite dran, versprochen! Versprichst du mir denn im Gegenzug, dass du auch weiter dran arbeitest?

Wenn ich auf mein Leben zurückschaue, dann habe ich schon wirklich viele Dinge erlebt. Ich lag oft am Boden, dachte schon oft, dass Wunden niemals heilen werden, dass die Einbahnstraße, in die ich mich verlaufen habe, endlos ist. Ich habe bereut, mich schuldig gefühlt, mir den Kopf zerbrochen. Beziehungen sind in die Brüche gegangen, Menschen und Tiere sind gestorben. Ich habe den für mich größten Verlust, meine größte Angst, überstanden. Und ich trage mit Sicherheit Narben. Und dennoch ist mein Leben wunderschön. Es ist so wunderbar, weil ich es selbst dazu mache.

Die Suche nach dem Glück kann also endlich abgeschlossen werden, weil es eigentlich schon die ganze Zeit da ist. Der Schlüssel dafür steckt von innen. Schluss mit unserem Selbstoptimierungswahnsinn, dem auch ich schon oft verfallen bin. Es geht im Leben nicht darum, irgendwem irgendwas zu beweisen, vor allem musst du niemandem beweisen, wie wunderbar du bist. Glück, das finden wir nicht, indem wir abnehmen, zunehmen, unsere Frisur verändern, die teuersten Markenklamotten tragen, große Häuser bewohnen.

Ständig versuchen wir, das zu kompensieren, was wir uns selbst rauben. Verstehen kann ich das heute nicht, obwohl es mir selbst ab und zu noch mal passiert. Wir berauben uns unseres Glücks selbst, empfinden einen großen Mangel, fallen in ein tiefes Loch.

Dieser ständige Vergleich mit anderen treibt uns noch in den Wahnsinn, nein, du musst dich nicht verändern und um Himmels willen kein anderer Mensch werden, um glücklich zu sein. Du hast alles, was du brauchst, bereits in dir, bist doch schon gut, genau richtig so, wie du bist. Vielleicht hast du es einfach vergessen oder ganz tief vergraben, weil du schlechte Erfahrungen gemacht hast. Vielleicht haben dir aber auch andere Menschen gesagt, du seist nicht gut genug, und du hast ihnen geglaubt. Vielleicht hast du diesen Menschen mehr geglaubt als dir selbst, weshalb ihre Worte wie das Urteil eines Richters in deinem Kopf verankert sind. Dabei sollten die Worte eines anderen Menschen keinen höheren Wert haben als deine eigenen. Du darfst dir auch selbst glauben.

Meist schauen wir zu den anderen auf, sehen in ihnen Dinge, die wir in uns so bitterlich vermissen. Komischerweise sehen wir in den anderen oft nur die positiven Seiten, ihr schönes Leben, so ganz ohne Schattenseiten. Die anderen haben immer alles und vor allem all das, was wir nicht haben, aber so gerne haben wollen. Immer nur auf die anderen Menschen schauen, das lenkt uns so wunderbar von uns selbst ab. Es entfernt uns von uns selbst, ja eben dann, wenn wir ihre Worte, ihre Meinung und ihren Willen als so wichtig empfinden, dass unser eigenes Wort, unsere eigene Meinung und unser eigener Wille im Keim erstickt werden.

Vielleicht kennst du dieses Gefühl. Das Gefühl, dass du nicht gut genug bist, dass du nicht alles hast, was du für deinen Weg zum Glück brauchst. Dann ist jetzt ein guter Moment, in dem du dich von diesem Glauben verabschieden darfst. Ich weiß, dass sich das schwierig anhört, aber glaube mir, es ist genauso schwer, sich schlechte Gedanken zu machen, wie es ist, sich gute Geschichten über sich selbst zu erzählen. Und auch wenn es am Anfang nur Erzählungen sind, so kann auch die schönste Erzählung zur eigenen Realität werden. Irgendwie ist alles doch eine Sache der Gewohnheit. Unsere Gedanken sind so mächtig, dass du selbst in einem Zustand des absoluten Glücks von nur einem einzigen, winzigen Zweifel zu Fall gebracht werden kannst. Und da liegst du dann – gedanklich wimmernd. Er hat dich umgehauen, dieser eine Gedanke, dir beide Beine weggeschlagen. Die Angst, dass dieser Zweifel wahr sein könnte, dass dein Glück nur eine Illusion war, dass du es vielleicht gar nicht verdient hast, beschleicht dich und der Zustand des absoluten Glücks ist auf einmal wie weggeblasen. Ein winziger Gedanke des Zweifels hat einen eigentlich so großen, wunderschönen Gedanken zerstört. Also sollte ein weiterer schöner Gedanke den negativen wieder verscheuchen. Und zwar so, dass er gar nicht mehr wiederkommt. Ich habe es in der Hand, du hast es in der Hand. Mach es dir schön im Kopf, denn dort verbringst du die meiste Zeit deines Lebens. Sei verrückt und tue die Dinge, die dir absolute, wahrhaftige Freude bereiten. Hör auf, alles viel zu ernst zu nehmen, und fang an, auch über dich selbst zu lachen. Dein Lachen ist so schön, du solltest es öfters benutzen! Weißt du, was mich oft zum Lachen bringt? Wenn ich mich vor den Spiegel stelle und albern rumtanze oder wenn ich in den Spiegel schaue und einfach mal lache, vielleicht ein paar Grimassen ziehe. Manchmal ist es nämlich total komisch, sich selbst bei so was zuzusehen. Normalerweise kann man sich von außen ja gar nicht betrachten. Und, okay, ein bisschen bescheuert komme ich mir schon vor, wenn ich dir das jetzt erzähle. Wenn ich eine Sorge habe, einen Hänger oder mal wieder eine völlig bescheuerte Angst habe, dann rufe ich es einfach laut hinaus und zapple dabei ab. So, als hätte ich meinen Körper nicht mehr unter Kontrolle, ganz frei und hemmungslos. Am besten klappt das bei mir, wenn ich nicht alleine bin. Meine Mutter und ich wenden dieses Hilfsmittelchen gerne gegenseitig bei uns an. Hat eine von uns ein Problem, rufen wir es einfach immer und immer wieder hinaus und tanzen dabei zusammen. Und dann fangen wir automatisch an zu lachen, ganz genau, weil es eben total bescheuert ist. Genauso bescheuert wie die Angst und der Zweifel, der uns mal wieder begrüßt hat.

Jeder Tag ein Neuanfang. An jedem Tag darfst du dich wie frisch geschlüpft fühlen, dich ansehen und schauen, wie wunderschön du bist. Heute ist ein neuer Tag und morgen ist auch ein neuer Tag. Wie wäre es, wenn wir einfach drauflos leben? Mit welchem wunderbaren Ereignis möchtest du gleich starten? Erzähle es mir in den nachfolgenden Seiten.

EIN GLAS VOLL MIT GLÜCK

Sammle hier alles, was dich glücklich macht!
Was macht dein Leben darüber hinaus lebenswert? Worauf bist du stolz? Womit beschäftigst du dich gerne? Welche Musik gibt dir Kraft?

Schreibe diese und weitere Dinge, die dir Glücksmomente bescheren, nun auf kleine Kärtchen und tu diese in ein Glas. Mach dein Glas randvoll – voller Glück. Wenn es dir einmal schlecht geht, kannst du dir ein Kärtchen aus deinem Glas ziehen und dich an das Gefühl erinnern, wie es ist, wenn du das tust, was dich glücklich macht.

WAS HÄLT DICH DAVON AB, GLÜCKLICH ZU SEIN?

Wenn du dich heute mal wieder scheiße fühlst, weil du denkst, du hättest nichts auf die Reihe bekommen, dann kreise alle folgenden Gedanken ein, die dich heute daran gehindert haben, glücklich zu sein.

- ☐ Mein Bauch schwabbelt so sehr.
- ☐ Mein Freund hat heute einen doofen Spruch gesagt.
- ☐ Der Spiegel hat mich schon wieder verarscht.
- ☐ Ich konnte meine Lieblingshose nicht anziehen, weil meine Beine zu fett darin aussahen.
- ☐ Manno, ich hab schon wieder keinen Sport gemacht.
- ☐ Ich bin viel schlechter als die anderen.
- ☐ Ich kriege nichts hin, ich kann gar nichts.
- ☐ Ich habe kein Talent für irgendwas: Was mache ich hier überhaupt?
- ☐ Alles, was ich anpacke, geht schief.
- ☐ Ach, Scheiße, schon wieder 'ne Pizza gegessen.

WARUM SIND DIESE GEDANKEN EIGENTLICH DOCH ZIEMLICH UNNÖTIG?

____

____

Falls du die Peitsche jetzt noch mal rausholen willst, dann springe lieber zurück zum sechsten und achten Kapitel. Gehe dabei nicht über Los und ziehe keine 200 Euro ein. Hehe.

DEIN GLÜCKSORT

Schließe die Augen und stelle dir einen Ort vor, an dem du dich sicher, wohl und glücklich fühlst. Dies kann ein realer Ort sein – oder er kann komplett deiner Fantasie entspringen. Zum Beispiel eine kleine Hütte im Wald, ein paradiesischer Strand oder auch das schönste Zimmer in deiner Wohnung. Stelle dir den Ort ganz genau vor und du bist mittendrin!

BESCHREIBE ALLES GANZ AUSFÜHRLICH. MEIN GLÜCKSORT SIEHT SO AUS:

____

____

SO RIECHT ES AN MEINEM GLÜCKSORT:

____

____

DIESE TIERE ODER MENSCHEN SIND MIT MIR DORT:

____

____

DAS FÜHLE ICH GERADE:

____

____

Dieser Ort bedeutet pures Glück für dich! Du kannst dich immer gedanklich dorthin versetzen, wenn du dich unsicher fühlst, unglücklich bist oder Angst in dir aufkommt.

EIN **EXTRADICKES** DANKESCHÖN!

Ein Tagebuch zeichnet sich durch seine vielen Geschichten aus, ist geprägt von den darin beschriebenen Höhen und Tiefen und ... den Menschen, die darin vorkommen. Danke an meine vielen Wegbegleiter, meine unfassbar tollen Freunde, die schon in kleinsten Notsituationen mit einer Tafel Schoki vor meiner Haustür stehen. Ich danke dir, Dedl, ich danke dir für deine Liebe und dafür, dass du mich Leichtigkeit lehrst.

Ich danke auch den Menschen, die mir Steine in den Weg gelegt haben, es vielleicht nicht gut mit mir meinten. Warum? Weil sie mir so zeigten, wie unglaublich stark ich eigentlich bin. Danke an den Verlag, an die wunderbaren kreativen Köpfe, die mir geholfen haben, mein Herzensprojekt umzusetzen.

Ich danke meinen Eltern, die mich immer darin bestärkt haben, meinen eigenen Weg zu gehen: Vor allem aber danke ich einem ganz besonderen Menschen – meiner Mamilipu. Mami, jeden Tag schenkst du mir Liebe und Inspiration. Führst ein Tänzchen auf, um mich zum Lachen zu bringen. Haust dir mit mir die Nächte um die Ohren, wenn ich noch so bitterlich weine. Du zeigst mir, was Liebe bedeutet – bedingungslose Liebe, aber auch Selbstliebe. Du bist nicht nur meine Mutter, sondern vor allem meine Seelenverwandte. Ohne dich hätte ich in einigen Situationen sicher nicht so viel Mut bewiesen. Ohne dich wäre mein Leben nicht so bunt, nicht so sonnig und wunderbar, wie es eben ist. Ohne dich gäbe es dieses Buch nicht.

Und zu guter Letzt möchte ich dir danken. Ja, genau dir – wer auch immer du bist! Ich hoffe, das Lesen dieses Buchs hat dir genauso viel Spaß gemacht wie mir das Schreiben. Mit deiner Liebe machst du die Welt zu einem besseren Ort. Verliere niemals den Glauben an dich selbst.

xoxo, Jana ♡

EIN „NEUANFANG“ AUF GANZER LINIE!

Das Notizbuch ergänzt und begleitet das Buch „Jeder Tag ein Neuanfang. Das Glücklichmacher-Tagebuch“, eignet sich aber auch unabhängig davon als eigenständiges Notizbuch zum Festhalten und Fokussieren der eigenen Gedanken.

Das Notizbuch enthält Randnotizen der Autorin, illustrierte Sprüche und Fragen, die zu mehr Achtsamkeit anregen. Es kann als Journal genutzt werden, als Übungsbuch oder als Gedankenwiese und es hilft dabei, die eigenen Reflexionen und Zielsetzungen immer klar im Blick zu behalten.

Jana Walter
Jeder Tag ein Neuanfang.
Das Notizbuch

160 Seiten, Softcover
ISBN 978-3-96096-048-5

www.community-editions.de

Community EDITIONS